歴史の
まるご

ビジュアルで
中学歴史が
しっかりわかる本

ニット

受験指導専門家
西村創

イラスト
猫オルガン

かんき出版

JN024693

はじめに

教室に入ると、ふたりの友達が激しく言い争っています。

キミはどうしますか？

いまの日付と時間を確認して、「○○月○○日○時○○分　○○と○○が教室でケンカ」

なんて、ノートに書き留めないですよね？

友達同士が言い争っているのを目にしたら、きっとキミはこう言うでしょう。

「ちょっと待って！　なんでケンカになっているの!?」。

どうしてケンカになったのか、知りたくなりますよね。

歴史も同じです。

歴史の勉強は「○○○○年　○○の乱　○○が○○を倒す」ということを紙に書いて覚えることではありません。

歴史は、実際に存在した人間たちの物語です。何かが起こって事件になれば、その理由が必ずあります。理由を知れば「ああ、それは争いになるよね」と理解できます。

覚えたことは忘れてしまうことがありますが、理解したことは簡単には頭から抜けません。暗記するのではなく理解することで、歴史の流れと全体像をつかむことができ、歴史を知ることが楽しくなっていきます。

キミの友達をひとり思い浮かべてみましょう。

その友達のことを親に紹介するとしたら、どんなふうに紹介しますか？

「あの子の住所は○○の○○で、身長は○○cm、体重は○○kg、血液型は○型で、家族構成は……」なんて伝え方はしないですよね？「同じクラスで、ゲームの趣味が合う友達」というように、その友達の特徴をざっくりと伝えるはずです。

歴史の勉強の進め方も同じです。歴史の勉強は、全体の流れを大ざっぱに
つかむことからはじめます。なんとなく全体の流れをつかんだら、もう少
し細かく、

- **古代 … 豪族・天皇・貴族が中心の時代**
- **中世・近世 … 武士が中心の時代**
- **近代 … 産業革命と政治の時代**
- **現代 … 戦争・戦後の時代**

というように、勢力の移り変わりをざっくり理解します。それから、各時
代のイメージを頭に入れていきます。各時代のイメージが頭に入ったら、
その時代の中心になる人物の動きをイメージできるようにします。

このように、歴史は大まかなイメージを頭に入れて、少しずつ細かいとこ
ろも理解していくように勉強を進めると、内容が頭に入りやすくなりま
す。イメージがわく前に、細かいことを頭に入れようしても、頭に入りま
せん。
歴史はイメージが大事です。

細かいことは後回し。まずは、全体をざっくりとつかむことが歴史の勉強
を上手に進めるコツです。
この本は、皆さんが

- **歴史の各時代のイメージを頭に思い浮かべられるようになる**
- **歴史上のできごとのつながりを理解できるようになる**

ための本です。
覚えようとしないで、気軽に「見て」「読んで」ください。歴史の大きな
流れが見えてきて、いつのまにか、歴史が得意になっているはずです。

西村　創

古代までの日本

中世の日本

近世の日本

近代の日本と世界

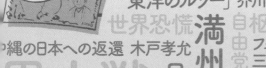

実在した人たちがくり広げた事件や
実在した人たちのふだんの生活スタイルや文化を
見ていくことにしましょう。

事件が起きるには理由があります。
生活スタイルや文化は、その時代の権力者や
政治などの影響を受けていることもあります。

歴史を大きな視点で見ていくことで
全体像をつかむことができます。

さあ、ここから
歴史の流れとつながりを見ていきましょう！

いまから約700万年〜400万年前、**猿人**がアフリカ大陸で誕生

アフリカ大陸

そして人類は進化した

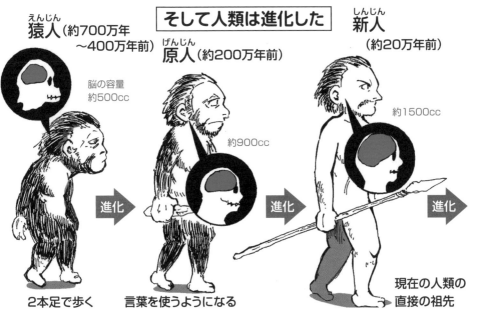

猿人（約700万年〜400万年前）

脳の容量　約500cc

2本足で歩く

原人（約200万年前）

約900cc

言葉を使うようになる

新人（約20万年前）

約1500cc

現在の人類の直接の祖先

進化　進化　進化

人類の進化とともに、道具も進化した

旧石器時代

新石器時代

小型動物を狙うには、磨製石器でないとね！

打製石器
ダセー石器

磨製石器

テーマ 1　人類の誕生と文明のおこり

歴史が記録されるよりも前（先）の時代、先史時代。

気候が、変化する。

陸地の3分の1が氷に覆われる期間と、温暖な期間がくり返されていた時期が終わり、**気温が上昇する。**

氷河がとけて海面が上がると、大陸と地続きだった**日本列島が浮かび上がる。地形が、変化する。**

地形が変化して大型動物が減ると、人類は小動物を狩るために、道具を進化させる。 マンモスやオオツノジカなどの大型動物を狩るには攻撃力の高い**打製石器**が向いているけれど、イノシシやシカなどの動きのすばやい小動物を狩るには**磨製石器**のほうが向いている。鋭い矢じりをつけた弓矢が使われるようになる。

こうして時代が**旧石器時代**から**新石器時代**へと進む。

人類も進化する。

いまから700万年〜400万年前、アフリカに最古の人類**猿人**が誕生。
200万年前には火や言葉を使える**原人**に、そして20万年前には現在の人類の直接の祖先**新人**に進化していく。

［気候とともに変わる環境と生活］

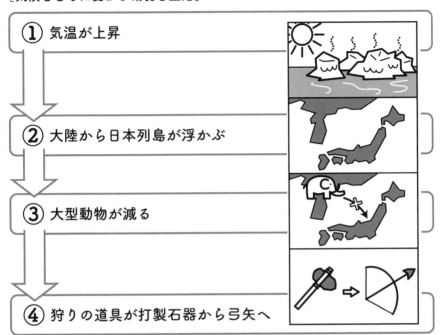

① 気温が上昇

② 大陸から日本列島が浮かぶ

③ 大型動物が減る

④ 狩りの道具が打製石器から弓矢へ

つながりPOINT

気候が変わると地形が変わり、そこに住む動物が変わる。動物を狩る道具も変わって時代が変わる。そして、人類も変わっていく。

紀元前3000年ごろ、
川のほとりで四大文明が生まれる

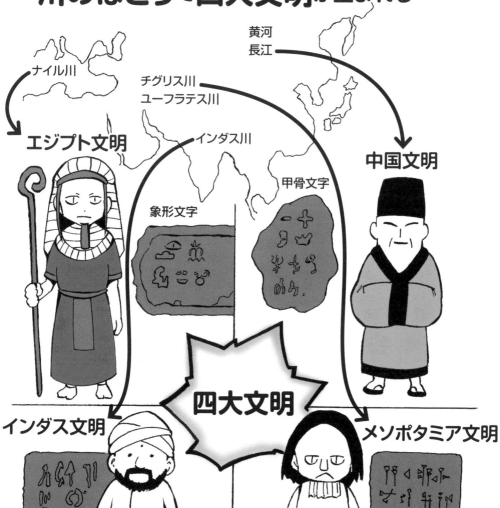

黄河
長江

ナイル川

チグリス川
ユーフラテス川

インダス川

エジプト文明

甲骨文字

象形文字

中国文明

四大文明

インダス文明

象形文字
（インダス文字）

メソポタミア文明

くさび形文字

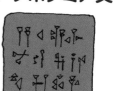

紀元前3世紀には秦の始皇帝が中国を統一

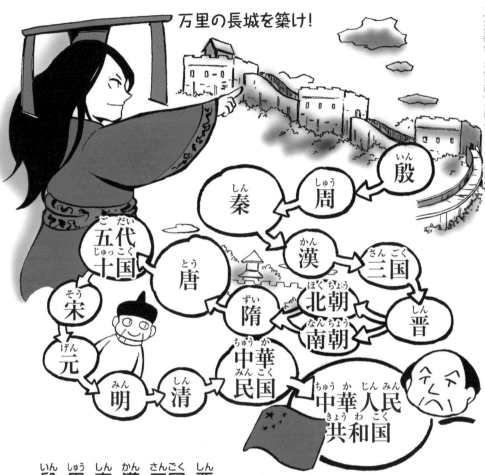

万里の長城を築け！

殷
周
秦
漢
三国
晋
五代十国
唐
北朝
南朝
隋
宋
元
明
清
中華民国
中華人民共和国

殷 周 秦 漢 三国 晋
もし もし カメ よ〜 カメさん よ〜

南北朝 隋 唐 五代
世界の　うちで おまえ ほど〜

宋 元 明 清 中華民国
あゆみ の のろい〜 ものはない〜

中華人民共和国
どうしてそんなにのろいのか

文明が生まれ
貧富の差が生まれ
身分の差が生まれる

「もしもしカメよ〜カメさんよ♪」の
メロディにあわせると歴代王朝が覚えらえれる！

テーマ 2　文明のおこりと発展

①　毎年、定期的に川の水があふれる。そのあふれた水には上流から運ばれた肥えた土がふくまれているから、**川のほとりでは農作物がよく育つ。農作物がよく育つと農耕が発達する。**

②　農耕が発達すると、計画的に食糧を生産できるようになる。計画的に食糧を生産するためには文字で記録することや、計算する必要が出てくる。こうして**川のほとりで文明が生まれた。**

③　文明が発達すると、収穫が増えて作物をたくわえることができるようになる。**食料をたくわえられるようになると、たくさんたくわえられる者とたくわえられない者に分かれる。**
貧富の差が生まれる。

　　食料をたくわえた者は、さらに多くの食料を手にするため、**食料を取り合う争いが生まれる。**

④　争いによって強い集団が弱い集団を従え、支配する者（王や貴族）と支配される者（農民や奴隷）など、**身分の差**が生まれる。

支配者は支配される者たちに神殿や宮殿をつくらせ、都市が発達する。こうして、各地で文明が発達していく。

テーマ2［先史時代〜古代文明］文明のおこりと発展

［文明が生まれ、身分の差が生まれる］

川の水があふれて農作物が育ち、農耕が発達すると貧富の差が生まれて争いが生まれる。争いによって身分の差が生まれて都市が発達し、文明が発達していく。

いまから12000年前に誕生した日本列

縄文時代を迎える

たて穴住居

奈良時代くらいまで使われる。当時の生活が三内丸山遺跡（青森県）からわかる

獲物がたくさんとれますように！

土偶

縄文土器

縄目の文様が特徴
厚手で黒褐色

これで煮ることができる

赤ちゃんが無事生まれますように

後に「貝塚」と呼ばれる

ゴミはまとめてポイポイ

縄文時代

狩りと採取、常に食べ物の不安がある時代

弥生時代

稲作、"採る"くらしから"つくる"くらし

明治時代にアメリカ人のモースが発見した大森貝塚が有名

島では…

紀元前4世紀ごろに
は弥生時代となる

登呂遺跡（静岡県）
板付遺跡（福岡県）などに
稲作の跡がある

大陸から

稲作が伝わる

稲穂をとる
石包丁を使用

リッチ

ビンボー

高床倉庫
収穫した米を蓄える。湿気を防ぐ
ために床を高くしている

稲作によって食糧の
保管が可能になり、
貧富の差が生まれる

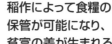

弥生土器

うすくて
かたい、
赤褐色

まわりの「むら」を
まとめて「くに」に
して王になる者も

宗教的指導者に
なる者も

テーマ 3　縄文時代と弥生時代

　1万2000年前、**地球の気温が上がって氷河がとけ、海面が上昇して日本列島が生まれる**。人びとは**縄**目のような**文**様をつけた、黒っぽい**縄文土器**を発明し、**煮る**という調理方法を生み出す。

**　縄文土器が使われたこの時代を縄文時代という。**

　縄文人はたて穴住居という、穴を掘って、その底に床をつくり、柱を立てて屋根をかぶせた家に集団で住んだ。
　食べ物は動物や木の実、魚や貝などで、狩りと採集が中心だ。日本列島と大陸が海へだてられたので、ナウマンゾウやオオツノジカなどの大型動物は日本に来られなくなった。かわりにイノシシやシカなど、すばしっこい動物を弓矢で狩って食べるようになる。
　一部の地域では農耕や牧畜が始まっていたものの、ほかに食べるものが豊富にあったので、あまり広がっていない。

　「食べ物がたくさんとれますように…、悪い病気にかかりませんように…」と祈りをこめて、土の人形、**土偶**が作られる。

　人々は食べ物の残りかすを、掘った穴に捨てた。それは**貝塚**と呼ばれている。

　紀元前４世紀ごろになると、中国大陸や朝鮮半島から稲作が伝わり、収穫した米を高床の倉庫に保管するようになる。
　稲作の他にも、中国大陸や朝鮮半島から、青銅器や鉄器などの金属器も伝わる。

　縄文時代の縄文土器は、より高温で焼かれて赤っぽくなり、うすくてかたい土器に進化する。この進化した土器は、発見された場所の名前から弥生土器と呼ばれる。

　この土器を使った時代を弥生時代という。

　狩猟から稲作中心の生活になると、農作業を指示するリーダーが生まれ、食料をたくわえた者は、さらに多くの食料を手にするため、食料を取り合う争いを始める。

　争いによって「むら」の強い集団が弱い集団を従え、大きくなった「むら」は王が支配する「くに」へと発展していく。

　貧富の差、身分の差も生まれていく。

つながりPOINT

縄文土器や磨製石器が使われた縄文時代。
弥生土器や金属器が使われた弥生時代。
稲作が広がり、たくわえができるようになると貧富の差、
身分の差が生まれるのは、世界の四大文明が発展する流れ
と同じだ。

弥生時代にまわりの「むら」をまとめて「くに」にした王があらわれた

30くらいの「くに」を
卑弥呼(ひみこ)がまとめて

魏(ぎ)

邪馬台国(やまたいこく)が誕生

魏に使いを
送りなさい

貢(みつ)ぎ物

倭王(わおう)の称号
金印
銅鏡100枚

3世紀後半には大和政権という 強力な勢力があらわれた

大和政権は「王」を中心とした強力な力を持つ
政権。王の死後は巨大な墓（古墳）に埋葬

円墳

方墳

前方後円墳

「方」は「四角」という意味
「円」は「丸」という意味

埴輪

仁徳天皇の墓とされる
大山古墳は
世界最大級！

「むら」➡「くに」になった
卑弥呼の邪馬台国から
古墳の大和政権へ

テーマ 4　邪馬台国と古墳時代

　弥生(やよい)時代、**むらから大きくなったくにの数は、その後100くらいになった**。そして、日本は中国(漢)から倭(わ)と呼ばれていたということが『漢書(かんじょ)』地理志(ちりし)に書かれている。

　「100の**くに**のなかのひとつの**奴国(なこく)(なのくに)**の王は中国(後漢)へ使いを送り、皇帝から金印(金のハンコ)をもらった」と中国(後漢)の『後漢書(ごかんじょ)』東夷伝(とういでん)に書かれている。

　奴国の王は、中国(後漢(ごかん))に貢ぎ物(みつ)を献上して、自分の存在を認めてもらうことで、権力を得ようとする。

　100くらいになった**くに**は、その後30くらいになり、女王**卑弥呼(ひみこ)**が支配して**邪馬台国(やまたいこく)**となる。「卑弥呼は中国(魏(ぎ))の皇帝から**親魏倭王(しんぎわおう)**という称号と金印と、銅鏡(どうきょう)100枚をもらった」と中国(魏)の『**魏志(ぎし)**』倭人伝(わじんでん)に書かれている。

　金印は「中国の皇帝から王としての地位を認めてもらった」という証拠になっていた。

　3世紀後半になると、奈良に王を中心とした強力な勢力である**大和政権**があらわれる。そして、王や豪族と呼ばれる有力者をほうむる大きな墓、**古墳**が作られる。古墳のまわりや頂上には、人や馬などのかたちをした埴輪という焼き物が並べられた。

この時代は古墳が作られたことから、古墳時代という。

大和政権の王は、さらに勢力を大きくして**大王**となり、王はその後、天皇と呼ばれるようになる。

［中国の3つの歴史書に書かれていること］

『漢書』地理志	日本（倭）は100あまりの国にわかれている
『後漢書』東夷伝	中国（後漢）の皇帝が倭の奴国の使い金印を与える
『魏志』倭人伝	中国（魏）の皇帝が邪馬台国の卑弥呼に「親魏倭王」の称号を与える

つながりPOINT

「むら」から「くに」、そして邪馬台国になり、その後、大和政権が誕生。
奴国の王も、邪馬台国の女王卑弥呼も、中国の皇帝から金印をもらって、地位を固める。

聖徳太子の政治改革が始まる

これからは仏教だ!

蘇我馬子（そがのうまこ）vs 物部氏（もののべし）

日本には古来からの神々（神道（しんとう））があるではないか…!

勝

蘇我馬子

ジャマはいなくなったな…

政治はあなたに任せます

推古天皇（すいこ）

（はじめての女性天皇）

聖徳太子（厩戸王）（しょうとくたいし）（うまやどおう）

推古天皇の甥。天皇の代理（摂政）として政治をおこなう

「馬」（うま）「厩」（うま）コンビ結成

天皇中心の制度を広げていく

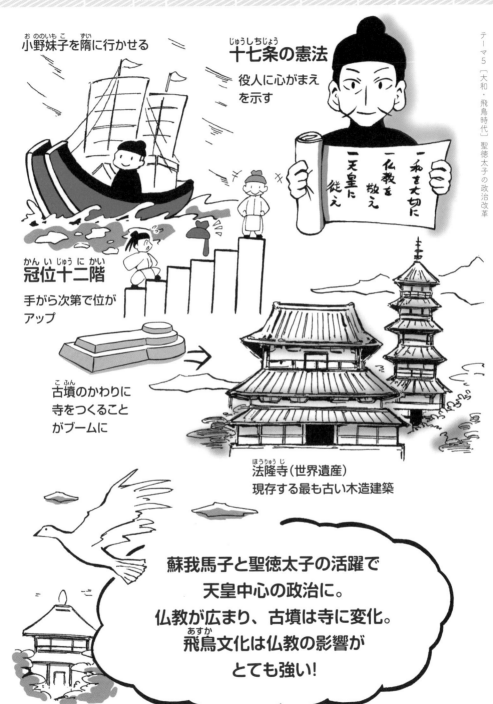

小野妹子を隋に行かせる

十七条の憲法

役人に心がまえ
を示す

一和を大切に
一仏教を敬え
一天皇に従え

冠位十二階

手がら次第で位が
アップ

古墳のかわりに
寺をつくること
がブームに

法隆寺(世界遺産)
現存する最も古い木造建築

蘇我馬子と聖徳太子の活躍で
天皇中心の政治に。
仏教が広まり、古墳は寺に変化。
飛鳥文化は仏教の影響が
とても強い!

テーマ5〔大和・飛鳥時代〕聖徳太子の政治改革

テーマ 5　聖徳太子の政治改革

　6世紀、大和政権内では豪族の蘇我氏と物部氏が勢力を争っていた。その結果、**仏教を取り入れたい蘇我馬子が、反対する物部氏をほろぼし、日本に仏教が広まっていく。**

　蘇我馬子は**推古天皇**のおいの**聖徳太子**(厩戸王)を天皇の代理(摂政)にし、いっしょに政治を進めていく。**蘇我馬子と、厩戸王の「馬・厩コンビ」の誕生だ。**

　聖徳太子(厩戸王)**は仏教の考え方を大切にしながら、中国をお手本にして、天皇中心の制度を広げていく。**

- 才能や手がら次第で個人に位を与える**冠位十二階の制度**や、役人の心構えを示した**十七条の憲法**を制定。
- 中国の進んだ文化を取り入れるために、隋と国交を結んで**遣隋使**という使者を送る。その使者の代表が小野妹子。

　この頃から7世紀はじめの頃まで、仏教が**飛ぶ鳥**落とす勢いで広まり、日本最初の仏教文化、飛鳥文化が奈良の飛鳥地方を中心に広がる。

- 飛鳥文化は仏教色と国際色が豊かなことが特徴。中国や朝鮮半島の百済、ギリシャやインドの影響も受けている。

- 仏教が広がることにより、寺を建てる豪族があらわれ始める（古墳はつくられなくなる）。

- 蘇我氏は聖徳太子（厩戸王）と仏教を大いに宣伝したので、仏教は一大ブームになる。聖徳太子（厩戸王）は**法隆寺**を渡来人（中国大陸や朝鮮半島からやってきた人）に建てさせる。法隆寺は、今残っている最も古い木造建築で、世界遺産にも登録されている。

〔**十七条の憲法**〕

① 和をもって尊しとなす	争ってはいけません
② 厚く三宝を敬え	仏教を大切に
③ 詔を受けては必ず謹め	天皇の命令には必ず従いなさい

つながりPOINT

仏教好きな蘇我氏が反対派の物部氏をほろぼして仏教ブームに。蘇我馬子と政治を進めた聖徳太子（厩戸王）も十七条の憲法に仏教を大切にすることを盛り込み、法隆寺を建てさせた。政治が文化にも影響して、この頃の飛鳥文化は仏教色が強いのが特徴。

律令国家へ向かって歩み出す

隋
すい

隋が滅亡

唐
とう

日本も強い国
にしないと…

蘇我氏
そが

「律令」という刑罰や政治の
決まりをつくり、土地を与
えるかわりに税をとる

➡大帝国へ

中大兄皇子
なかのおおえのおうじ

中臣鎌足
なかとみのかまたり

邪魔者を排除!

大化の改新
たいか　かいしん

公地公民
こうちこうみん

土地も人民も
国が直接管理

国

人民

土地

テーマ6 [大和・飛鳥時代] 律令国家への歩み

天智天皇

中大兄皇子が即位して天智天皇に

壬申の乱

天智天皇の息子

お手本は唐

天智天皇の弟

天武天皇

歴史書をつくって天皇の地位を高め、唐の都の長安をモデルに藤原京の建設を始める

亡くなったあとは皇后が

持統天皇

私が代わりに…

公地公民 と 大宝律令 による 中央集権体制に

唐の律令をマネして**大宝律令が完成**（701年）

テーマ 6 　律令国家への歩み

　7世紀はじめ、隋がほろび、唐が中国を統一する。 唐は**律令**とい
う刑罰や政治をおこなううえでの決まりをつくったり、戸籍に登録した人
びとに土地を与えるかわりに税を徴収するしくみなどを整えて、大帝国と
なる。

　「大帝国、唐が攻めてくるかもしれない……」そんな緊張が高まる日本。
強い国づくりをするために邪魔なのが蘇我氏だった。645年、中大兄皇子
は中臣鎌足たちとともに蘇我氏を暗殺する。

　そして政治改革が始まる。
　公地公民といって、**天皇の一族や豪族が支配していた土地と人民
を、国のものにする。これで、天皇のもと、朝廷による土地と人民
の直接支配が可能になった。** 権力を中央に集中させることができる**中
央集権体制**ができあがっていく。

　日本の歴史上、はじめての年号である**大化**も定められる。

　大化におこなわれた公地公民などの改革を**大化の改新**という。

　中大兄皇子はその後、**天智天皇**となり、全国規模の戸籍をつくるなど、
政治改革を進める。

天智天皇が亡くなると、天智天皇の息子と弟が争い、弟が**天武天皇**として即位する。この息子と弟の争いが日本古代最大の争い、**壬申の乱**だ。

　天武天皇は唐を参考にして、律令や歴史書づくりを進め、天皇の地位を高める。唐の都の長安をモデルに藤原京の建設も始めた。

　天武天皇が亡くなった後、天武天皇の皇后が持統天皇として即位。持統天皇は藤原京を完成させ、都を移し、律令制度を実施する準備を整える。

　701年、**唐の律令を手本にしてつくった大宝律令**がついに完成。大宝律令が制定され、大化の改新以来めざしてきた律令国家のかたちができ、中央が全国を支配する政治の仕組みができあがった。

つながりPOINT

中央が全国を支配する政治体制づくりは、天智天皇から弟の天武天皇へ、天武天皇から皇后の持統天皇へ受けつがれていった。大宝律令の完成とともに「中央集権体制」ができあがる。

律令国家が成立する

710年、奈良に平城京が完成!
以後約80年間奈良時代が続く

唐の都、
長安を
マネて…

太政官
政治を
おこなう

神祇官
神を祭る

国府

地方

国司
中央から
送られた役人

権力を中央に集めて
地方を支配
➡中央集権体制

中央集権体制が確立し、奈良に平城京が完成

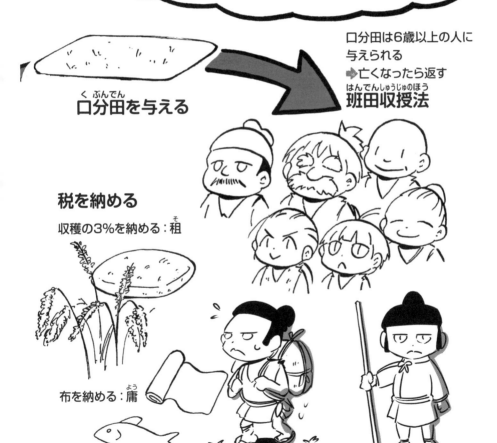

口分田を与える

口分田は6歳以上の人に与えられる
➡亡くなったら返す
班田収授法

税を納める

収穫の3%を納める：租

布を納める：庸

特産品を納める：調

労働する：
雑徭（国司のもとで60日間働く）
防人（九州を3年間守る）

テーマ 7　律令国家の成立

710年、**唐の都である長安（西安）をマネして作った平城京**が奈良につくられ、**奈良時代がスタート**する。

都が平城京から平安京に移されるまでの約80年を奈良時代という。

平城京は南北約5キロ、約10万人が生活する巨大な都だ。**公地・公民によって広い土地を使え、中央集権体制によって多くの人々を働かせられるようになった。だからこそ、巨大な都を完成させることができた。**

中央の政治は律令にもとづいて太政官と神祇官の2官、中務省など8省の役所でおこなわれる。地方は国ごとに国府という役所が置かれ、その国府には国司という役人が都から派遣されて政治がおこなわれた。

奈良時代の6歳以上の人びとは**口分田**という土地を与えられる。口分田から収穫された稲の3％を**租**という税として課せられる。口分田は与えられた人が亡くなったら国に返さなければいけない。この制度を**班田収授法**という。

税は租以外にも絹や糸の特産品をおさめる**調**や、労働やそのかわりに布をおさめる**庸**、雑徭という地方での労働、**防人**という北九州の警備も課せられた。

〔奈良時代の律令国家（中央集権体制）〕

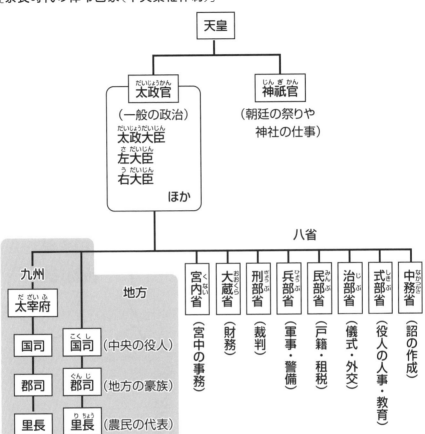

天皇

太政官（だいじょうかん）
（一般の政治）
太政大臣（だいじょうだいじん）
左大臣（さだいじん）
右大臣（うだいじん）
ほか

神祇官（じんぎかん）
（朝廷の祭りや神社の仕事）

八省

宮内省（くない）	大蔵省（おおくら）	刑部省（ぎょうぶ）	兵部省（ひょうぶ）	民部省（みんぶ）	治部省（じぶ）	式部省（しきぶ）	中務省（なかつき）
（宮中の事務）	（財務）	（裁判）	（軍事・警備）	（戸籍・租税）	（儀式・外交）	（役人の人事・教育）	（詔の作成）

九州
太宰府（だざいふ）
国司
郡司
里長

地方
国司（こくし）（中央の役人）
郡司（ぐんじ）（地方の豪族）
里長（りちょう）（農民の代表）

つながりPOINT

天智天皇（てんじ）➡天武天皇（てんむ）➡持統天皇（じとう）と受け継がれてきた中央集権体制は、奈良時代に律令国家、平城京の完成へとつながっていく。

荘園が始まる

税に苦しむ農民が逃亡

口分田が不足

口分田が荒れて使えなくなる

人口増加

聖武天皇

新たに開墾した土地は返さなくてもよいぞ!

墾田永年私財法

貴族　寺院

田を耕せ〜!

国が土地と人民を管理する体制（公地公民）がくずれる

荘園誕生

天平文化の特徴

聖武天皇

全国に国分寺・国分尼寺を建てる

奈良に東大寺を
つくる

西アジアや唐、
インドなどの海外
の文化と仏教に
影響された文化

『古事記』『日本書紀』が完成し、
『万葉集』もつくられる

●墾田永年私財法
　によって荘園が生まれる
●天平文化は海外文化と
　仏教の影響を受けた文化

テーマ8 〔奈良時代〕荘園のはじまりと天平文化

テーマ 8 　荘園のはじまりと天平文化

　奈良時代後期になると、租調庸などの税の負担に苦しむ農民たちが口分田から逃げ出すようになる。

　荒れて農地としては役に立たない口分田が増える

　人口の増加もあり、口分田が不足する。

　聖武天皇は743年、「**新しく開墾した土地は永久に返す必要はなく、その土地を子孫に与えたり、売買したりしてもよい**」という**墾田永年私財法**を制定する。

　墾田永年私財法によって、「**土地と人民は国家のもの**」という**公地・公民の原則**がくずれていく。貴族や有力者、寺院は農民を使って自分の土地(私有地)を広げていく。こうした土地は**荘園**と呼ばれる。

　荘園によって貧富の差が広がっていく。

　聖武天皇のころの年号、天平に広がったのが**天平文化**。

　唐や西アジア、インドの文化や仏教に影響された、国際的な文化だ。聖武天皇は仏教によって国を守ろうと、国ごとに**国分寺**と**国分尼寺**、奈良の都に**東大寺**を建て、大仏をつくる計画をはじめる。東大寺の**正倉院**宝物には、遣唐使が持ち帰った珍しい鏡や楽器がおさめられている。

　天武天皇のころからはじまっていた歴史書づくりは奈良時代に完成。神話から推古天皇の時代までを記録した『**古事記**』が712年に完成し、持統天皇の時代までをまとめた『**日本書紀**』が720年に完成する。

　和歌も流行し、約4500首の歌を集めた現存する最古の和歌集『**万葉集**』がまとめられる。農民などの一般庶民の歌も多く選ばれていて、これは世界にも例がない珍しいことだ。感情を力強く表現した歌が多いのが特徴。

〔奈良時代の書物〕

『**古事記**』	日本最古の歴史書
『**日本書紀**』	神話から持統天皇までの時代をまとめたもの
『**万葉集**』	日本最古の歌集
『**風土記**』	各地の自然や産物などをまとめたもの

つながりPOINT

口分田が不足していることへの対策として制定された墾田永年私財法によって私有地が認められて荘園が増加。「公地公民」の原則はくずれて貧富の差が広がる。
飛鳥時代の飛鳥文化、奈良時代の天平文化は、いずれも仏教と国際色豊かな文化からの影響を受けている。

平安時代、桓武天皇の政治改革と摂関政

桓武天皇
（かん む）

794年、桓武天皇が
都を京都の平安京に
移す
（へいあんきょう）

平安時代スタート

国司の監督
を強化
（こく し）

征夷大将軍を
任命
（せい い たいしょうぐん）

国司

坂上田村麻呂
（さかのうえの た むら ま ろ）

アテルイ処刑

朝廷に従わない人➡蝦夷
（えみし）

●桓武天皇のあと
藤原氏が
大きな権力
を持つ
●浄土信仰が
大流行
（じょう ど しんこう）

治が始まる

桓武天皇

平城京の仏教勢力はいらない

高野山・金剛峯寺（こうやさん・こんごうぶじ）

比叡山・延暦寺（ひえいざん・えんりゃくじ）

保護

天台宗（てんだいしゅう）最澄（さいちょう）

真言宗（しんごんしゅう）空海（くうかい）

桓武天皇が亡くなったあと藤原氏の力が強くなる

藤原氏

この世はオレのもの！

摂政（せっしょう）の藤原氏が天皇のかわりに政治をおこなう

天皇

娘

孫＝次期天皇

貴族は寝殿造（しんでんづくり）の住宅で生活。生まれ変わったら極楽浄土（ごくらくじょうど）に行けるようにという浄土信仰が広まる

テーマ9　桓武天皇の政治改革と摂関政治

　794年、桓武天皇は、**政治に影響を与えるほど影響力が強くなった平城京の仏教勢力をおさえるため、都を京都の平安京**に移した。ここから約400年間の平安時代がはじまる。

　律令制度を立て直すため、国司への監督を強化し、兵役を一部廃止する。そして、**坂上田村麻呂**を征夷大将軍という名前の将軍（軍のリーダー）にして、朝廷に従わない東北地方の人びと、蝦夷の拠点を攻略。首長のアテルイは降伏し処刑される。

　比叡山に延暦寺を建てた最澄の天台宗と、**高野山に金剛峯寺を建てた空海の真言宗を保護することで、平城京の仏教勢力をおさえよう**とした。

　仏教は**国を守る**ものから、**個人のあり方や考え方を教える**ものになっていく。

　桓武天皇が亡くなると、**貴族の藤原氏の力が強くなっていく。**
　9世紀後半、藤原氏は娘たちを天皇の后にして、生まれた子供を（幼いうちに）天皇にした。藤原氏は幼い天皇の代わりに政治をおこなう**摂政**という立場になり、天皇が大人になると**関白**という地位について大きな権力を得る。**摂政と関白による政治を摂関政治**といい、**藤原道長**と子の**頼通**のころに勢力が最大となり、広大な荘園を持つようになる。

　現在、「学問の神様」としてまつられている**菅原道真**は唐が衰えてきたこと、そもそも航海が危険なことを理由に遣唐使をやめるように天皇に伝え、以降、遣唐使は廃止になる、すると、貴族は、日本の風土に合う文化を育てていく。これを**国風文化**という。

● 天皇によって選ばれた日本最古の和歌集、『**古今和歌集**』が**紀貫之**たちによって編集され、仮名文字が広がった。**清少納言**の随筆『**枕草子**』、**紫式部**の小説『**源氏物語**』など、仮名で書かれた多くの作品が誕生する。

● 貴族たちは建物を渡り廊下でつないだ**寝殿造**という住宅で生活。部屋を日本の自然が描かれた**大和絵**の屏風などで仕切った。藤原頼通の別荘、**平等院鳳凰堂**の阿弥陀堂は有名で、10円玉の表の絵柄や世界遺産にもなっている。

　10世紀半ば、念仏をとなえて阿弥陀如来にすがり、苦しみのない極楽浄土に生まれ変わろうとする**浄土信仰**がおこり、貴族から庶民にも広がっていく。

〔平安時代の書物〕

『**古今和歌集**』	紀貫之（『土佐日記』の作者）がまとめる
『**竹取物語**』	日本最古の物語。作者は不明
『**枕草子**』	随筆。作者は清少納言
『**源氏物語**』	物語。作者は紫式部

つながりPOINT

天皇よりも大きな権力を得たという点で、飛鳥時代の蘇我氏と平安時代の藤原氏は同じ。
都を平安京に移したことで、仏教は国を守るものから個人を教え導くものに変わっていく。

武士の成長と院政、源平の内乱

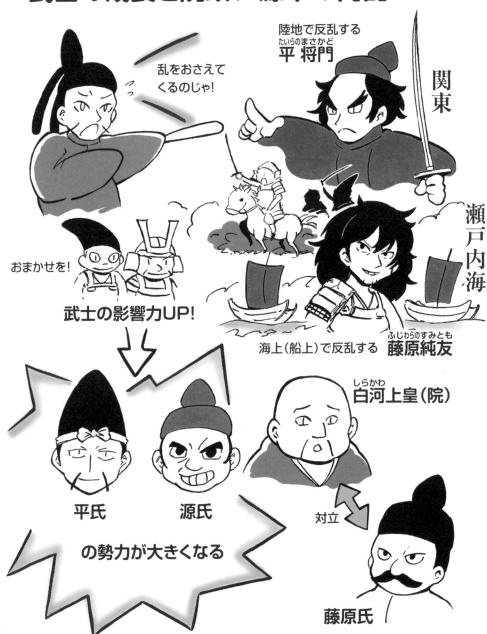

乱をおさえて
くるのじゃ！

陸地で反乱する
たいらのまさかど
平 将門

関東

瀬戸内海

おまかせを！

武士の影響力UP！

海上（船上）で反乱する　ふじわらのすみとも　藤原純友

しらかわ
白河上皇（院）

平氏　　　源氏

の勢力が大きくなる

対立

藤原氏

貴族から武士の時代へ

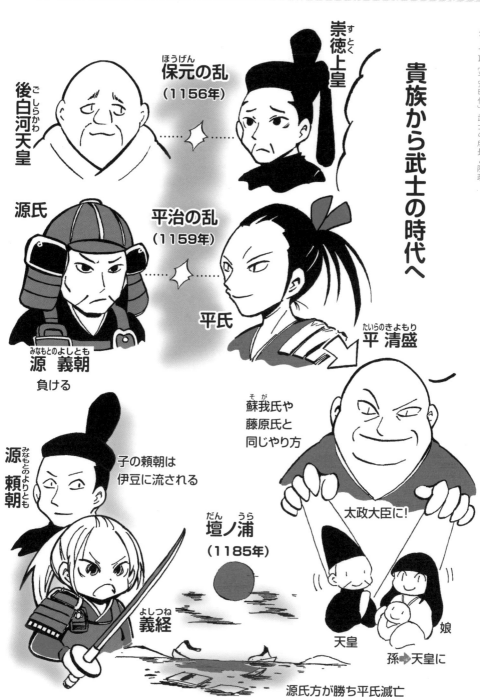

保元の乱
（1156年）

後白河天皇
（ごしらかわ）

崇徳上皇
（すとく）

源氏

平治の乱
（1159年）

平氏

源義朝
（みなもとのよしとも）

負ける

平清盛
（たいらのきよもり）

蘇我氏や
藤原氏と
同じやり方

太政大臣に！

源頼朝
（みなもとのよりとも）

子の頼朝は
伊豆に流される

壇ノ浦
（だんのうら）
（1185年）

義経
（よしつね）

天皇

娘

孫➡天皇に

源氏方が勝ち平氏滅亡

テーマ 10　武士の成長と院政

　豪族は田を耕して広げた領地を守るために武器を持ち、武士団となっていく。

　10世紀の中ごろ、関東の豪族、**平将門**は「俺こそ新たな天皇だ」と宣言。周辺の武士団を率いて中央に対抗する。
　一方、伊予（愛媛県）の役人だった**藤原純友**は任期後に武士団を集めて海賊となり、瀬戸内海を荒らし回る。平将門の乱と藤原純友の乱をまとめて**承平・天慶の乱**という。

　この乱をしずめるため、朝廷は武士の力を借りる。武士はこれまで、貴族を守るガードマンにすぎなかったものの、以後武士の存在が大きくなるきっかけに。武士団の中で特に有力なのが、天皇の子孫である**源氏**と**平氏**だ。

　1086年、**白河天皇**は権力を摂関家の藤原氏から取り戻すため、あえて天皇を引退する。そのうえで上皇（院）となり政治を続ける。これを**院政**という。

　1156年、**後白河天皇**と崇徳上皇が対立。摂関家内部の対立も重なり、それぞれが源氏と平氏の武士団を集めて、保元の乱となる。
　戦いに勝った後白河天皇は上皇となり、この後なんと5代の天皇にわたって院政をおこなう。

　1159年、保元の乱に勝利した後白河上皇についた源氏と平氏のトップである**源義朝**と**平清盛**が争い、平治の乱に発展する。

　平清盛が勝利し、源義朝は謀殺され、子の**頼朝**は伊豆に流された。

　1167年、平清盛は武士としてはじめて太政大臣の位についた。娘を天皇の后にし、生まれた子を天皇にして権力をふるいはじめる。

　その後、後白河上皇の皇子は平氏追討の命令を出し、平治の乱の後に伊豆に流されていた**源頼朝**が兵を集めて戦に向かう。

　1185年、源氏と平氏の最終決戦は**壇ノ浦**(山口県・下関)でおこなわれた。源氏が勝利し、ここで平氏は滅亡する。

〔権力の移り変わり〕

　┌─────────────────────────────┐
　│　つながりＰＯＩＮＴ
　│
　│　豪族が武士団となり、貴族は武士団を使って武士の力が拡
　│　大。貴族中心から武士中心の時代になっていく。
　│　娘を天皇の后にし、生まれた子を天皇にして権力をふるう
　│　平清盛のやり方は、かつての蘇我氏や藤原氏と同じ。
　└─────────────────────────────┘

鎌倉幕府が開かれる

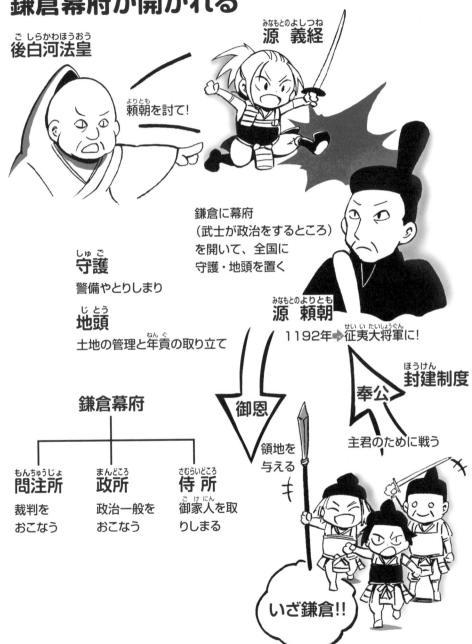

後白河法皇（ごしらかわほうおう）

頼朝（よりとも）を討て！

源 義経（みなもとのよしつね）

鎌倉に幕府
（武士が政治をするところ）
を開いて、全国に
守護・地頭を置く

守護（しゅご）
警備やとりしまり

地頭（じとう）
土地の管理と年貢（ねんぐ）の取り立て

源 頼朝（みなもとのよりとも）
1192年 ➡ 征夷大将軍（せいいたいしょうぐん）に！

封建制度（ほうけん）

御恩
領地を
与える

奉公
主君のために戦う

鎌倉幕府

問注所（もんちゅうじょ）
裁判を
おこなう

政所（まんどころ）
政治一般を
おこなう

侍所（さむらいどころ）
御家人（こけにん）を取
りしまる

いざ鎌倉!!

北条氏の執権政治

頼朝の舅 **北条時政**

頼朝の妻 **北条政子**

頼朝の死後
将軍を補佐する
"執権"に

北条を討て！

上皇軍と
戦いなさい！

後鳥羽上皇

⬇

失敗

⬇

隠岐に流される

執権が政治の実権をにぎる **執権政治**

3代執権
北条泰時

朝廷を監視する
六波羅探題を置く

御成敗式目
（貞永式目）

1232年

御家人に対する裁判
の基準をはっきり
させる

執権を中心に
評定衆で政治を進める

鎌倉幕府を開いた源頼朝が亡くなり、
北条氏が権力を握る

源 頼朝は1185年、国ごとに**守護**と**地頭**を置くことを後白河法皇に無理やり認めさせる。

- 守護は、京都や鎌倉（神奈川県）の警備をしたり、犯罪の取り締まりなどをしたりと、警察のような役割を与えられた。
- 地頭は土地の管理や年貢の取り立てなどの役目を与えられた。

頼朝は、武士の政府である幕府を鎌倉に開く。全国支配の各拠点として、**鎌倉幕府**から守護・地頭が任命された。

1192年、頼朝は征夷大将軍の任を受けて政治制度を整備。鎌倉幕府の役所は以下の３つ。

- 政治一般を行う**政所**
- 裁判を行う**問注所**
- 頼朝に仕える武士である**御家人**を取り締まる**侍所**

頼朝は御家人に新しい領地を与えたり、保護したりした。これを**御恩**という。御家人は京都や鎌倉の警備にあたったり、頼朝のために戦ったりした。これを**奉公**という。このような土地を仲立ちとした主従関係を**封建制度**という。

頼朝が亡くなると、頼朝の妻の北条政子の父が将軍をサポートする**執権**という位につく。執権が政治の実権をにぎったことから、**執権政治**と呼ばれる。

これに対し、朝廷の勢力を回復したい後鳥羽上皇は1221年、幕府を倒すために北条氏を討つ命令を出す。しかし、北条政子の説得により、武士たちは後鳥羽上皇の軍と戦い、後鳥羽上皇は敗れる（**承久の乱**）。

承久の乱のあと、後鳥羽上皇は隠岐（島根県）に流された。京都には朝廷の動きを見張る**六波羅探題**という役所が置かれる。3代執権**北条泰時**は、有力御家人から**評定衆**というメンバーを選び、以後、**政治は執権を中心として評定衆によって進められていく。**

1232年、**泰時は御家人に対する裁判の基準をはっきりさせる法律、武士による武士のためのきまりである御成敗式目（貞永式目）を**まとめる。この御成敗式目は武士の社会のオリジナルの法律で、この後、江戸時代まで武士社会の法律のお手本にされる。

つながりPOINT

天皇のかわりに政治をおこなうのが摂政・関白。鎌倉幕府で将軍のかわりに政治をおこなうのが執権。
守護はその後、守護大名、戦国大名へとつながっていく。

鎌倉文化と新しい仏教

鎌倉時代の文化は武士らしい
力強さが特徴!

東大寺南大門

貴族は
朝廷の
文化を
見直す

『新古今和歌集』
後鳥羽上皇の命令で編集

『方丈記』
鴨長明

『平家物語』
琵琶法師が
弾き語る

『徒然草』
兼好法師

力強い鎌倉文化
武士好みの
シンプルな
鎌倉仏教

てんだいしゅう
天台宗

平安時代
この世での利益を祈る

しんごんしゅう
真言宗

鎌倉時代
来世の極楽浄土での生まれ変わりを祈る

念仏系

禅宗系　そうとうしゅう
曹洞宗
どうげん
道元

りんざいしゅう
臨済宗
えいさい
栄西

じょう ど しゅう
浄土宗
ほうねん
法然

南無阿弥陀仏

じょう ど しんしゅう
浄土真宗
しんらん
親鸞

じ しゅう
時宗
いっぺん
一遍

題目系
にちれんしゅう
日蓮宗
（法華宗）
ほっ け しゅう
にちれん
日蓮

南無妙法蓮華経

鎌倉文化と新しい仏教

　武士の勢力が強くなる鎌倉時代の文化は、武士らしい力強さが特徴。代表的なのが東大寺南大門とその両脇の**金剛力士像**。南大門は、シンプルで力強い建築様式だ。

　文学では、武士の戦いを力強い文章で描いた**軍記物**が生まれる。代表作は琵琶法師が弾き語りをした『平家物語』。

　日本三大随筆である**鴨長明**の『**方丈記**』、**兼好法師**(吉田兼好)の『**徒然草**』も鎌倉時代の作品だ(三大随筆の残りひとつは清少納言の『枕草子』)。

　武士の勢力が強くなるなか、貴族はこれまでの朝廷の文化を見直しはじめる。承久の乱を起こした後鳥羽上皇の命令で編集された『**新古今和歌集**』は、平安時代の伝統を受けついでいる。

［鎌倉時代の書物］

『**平家物語**』	軍記物。琵琶法師が広める
『**新古今和歌集**』	歌集。藤原定家たちがまとめる
『**方丈記**』	随筆。作者は鴨長明
『**徒然草**』	随筆。作者は兼好法師

　平安時代の天台宗・真言宗は病気からの回復など、この世での利益を祈ることが中心だった。その後、浄土信仰がおこり、時代は武士による鎌倉時代に移ると、天台宗出身の６人が来世の極楽浄土での生まれ変わりを願うなどの新仏教を説いた。これが武士や民衆に爆発的に広がる。新仏教は**念仏系、禅宗系、題目系**の３つに大きく分けられる。

［鎌倉仏教：念仏系］
- **法然**が「南無阿弥陀仏」という念仏をとなえれば、極楽浄土に生まれ変われるという**浄土宗**を説く。.
- 法然の弟子の**親鸞**は、阿弥陀如来の救いを信じる**浄土真宗**を農村に広める。
- **一遍**は各地を踊りながら念仏の札を配って念仏をとなえ、**時宗**を広げる（これが盆踊りになっていく）。

［鎌倉仏教：禅宗系（座禅によって悟りを開く）］
- **栄西**の**臨済宗**が幕府に保護され、大寺院が建てられる。

- **曹洞宗**は**道元**によって伝えられ、こちらは臨済宗とは対照的に、権力者との結びつきを避けて、北陸地方から各地へ伝えられる。

［鎌倉仏教：題目系］
- **日蓮宗（法華宗）**は日蓮が、法華経の題目である「南無妙法蓮華経」をとなえれば、人も国も救われると説く。

つながりPOINT

> 平安時代の文化は貴族らしく繊細な美しさが特徴。鎌倉時代の文化は武士らしい簡素な力強さが特徴。
> 鎌倉時代の仏教の教えは、武士を含む多くの人に受け入れられる内容だった。

元寇（元軍の襲来）と鎌倉幕府の滅亡

13世紀初め

チンギス＝ハン

モンゴルの部族たちを統一。
モンゴル帝国へ
➡ 子孫はさらに拡大

人類史上最大の
大帝国！

東アジア一帯

元（げん）

宋（そう）　高麗（こうらい）

日本へ！

北九州

5代目　元朝皇帝
フビライ＝ハン

文永の役（ぶんえい えき）（1274年）

えっ？集団?!
一騎打ちじゃ
ないのー??

九州の武士たちは苦戦するが、天候なども味方して元軍を撃退

テーマ 13 元寇と鎌倉幕府の滅亡

13世紀のはじめ、**チンギス＝ハン**がモンゴルの部族たちを統一し、モンゴル帝国を建設。その子孫たちは領土を広げて人類史上最大の大帝国に成長させる。

5代目のフビライ＝ハンは都を中国の大都(北京)に移し、国を中国風の元と名づけ、抵抗する朝鮮半島の高麗を攻めて従わせた。

1274(文永11)年、元の軍隊が高麗の軍とともに北九州の博多(福岡市)に上陸。これを**文永の役**という。元軍の集団戦法と「てつはう」という炸裂弾に御家人は大苦戦。しかし、元軍と高麗軍の仲間割れや暴風雨の影響もあり、元軍は撤退する。

1281(弘安4)年、元はさらなる大軍で再び攻めてくる。しかし、今度は石塁などの守りの備えや御家人の活躍、そしてまたもや暴風雨があり、元軍は撤退。これを**弘安の役**といい、二度の元の襲来を**元寇**という。

元との戦いに勝利したものの、自分たちのお金で戦いの備えをした御家人の生活は苦しくなる。守りの戦いでは、勝利によって新たに獲得した土地はないので、**御家人に与える土地もない。**

そこで1297年、**幕府は御家人を救うために**、「御家人が御家人以外に質入れしたり売ったりした土地は、もとの持ち主に無料で返す」という借金帳消しの命令、**徳政令を出す**。これを永仁の徳政令という。**この徳政令以後、御家人に金を貸す者はいなくなり、かえって御家人の生活は苦しくなってしまう。**

　御家人の力が衰えると、鎌倉幕府の力も衰え始めた。後醍醐天皇は政治の実権を朝廷に取り戻そうと、幕府を武力で倒す計画を進めるが、失敗。隠岐（島根県）に流される。

　その後、楠木正成などの武士、有力御家人の**足利尊氏**、新田義貞などが後醍醐天皇に味方して幕府を攻撃。1333年、**鎌倉幕府は滅亡する。**

つながりPOINT

後鳥羽上皇は執権から政治の実権を取り戻そうとするが失敗、隠岐（島根県）に流された。後醍醐天皇も執権から政治の実権を取り戻そうとするが失敗、隠岐に流される。どちらも同じ場所に流されているが、後醍醐天皇は後に脱出に成功する。

建武の新政と南北朝時代、室町幕府の成

建武の新政（1334年）

立

[室町幕府のしくみ]

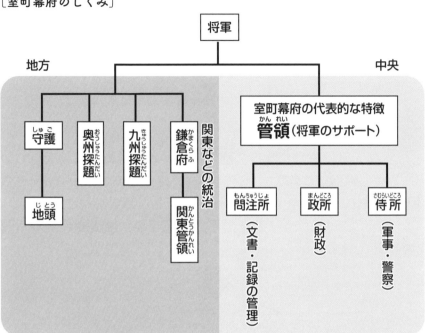

●足利尊氏
　京都に北朝を立てる
●後醍醐天皇
　奈良（吉野）に南朝を立てる
南北に分かれた朝廷を
3代将軍足利義満が合体させる

室町幕府の成立

足利尊氏(あしかがたかうじ)たちによって、鎌倉幕府(かまくら)は倒された。

後醍醐天皇(ごだいご)は京都に帰り、建武の新政(けんむ)と呼ばれる政治をはじめる。しかし**新政**とは言うものの内容は古く、平安時代の天皇による政治を理想とするものだった。鎌倉幕府を倒すために活躍した武士を大事にしない政治の方針だったので**武士の不満が高まり、後醍醐天皇の新政は約2年で終わる。**

朝廷側の軍を破った尊氏は、京都に光明天皇(こうみょう)を立てた。すると後醍醐天皇は吉野(奈良県)に逃げて、「我こそ天皇」と宣言。

京都の朝廷＝北朝と、吉野の朝廷＝南朝、天皇が2人になるという異常事態になる。

1338年、尊氏は北朝の光明天皇から征夷大将軍(せいいたいしょうぐん)に任命され、京都で幕府を開く。**室町幕府**の誕生だ。以後、約240年間の**室町時代**がスタートする。

　尊氏は全国の武士をまとめるため、守護が荘園の年貢の半分を兵糧米として手にすること、戦いで得た領地を家臣に分け与えるなどの権利を認める。

　守護は領内の武士を家臣にして、一国全体を支配する**守護大名**へとレベルアップしていく。

　尊氏の孫の**足利義満**が３代将軍となったころには、南朝はほとんど勢力を失っていた。**義満は南朝に、北朝と合体するように呼びかけ、1392年、約60年間続いた南北朝時代が終了する。**

　室町幕府のしくみは、鎌倉幕府とほとんど同じでシンプルだ。室町幕府では将軍をサポートする**管領**という役職が置かれる。また、六波羅探題のかわりに、鎌倉府も置かれた。鎌倉府の長官である鎌倉公方には足利氏の一族が任命され、独立した勢いを持つようになって幕府と対立していく。

つながりPOINT

　鎌倉幕府で将軍を補佐する位は執権。室町幕府で将軍を補佐する位は管領。鎌倉幕府での地方機関は六波羅探題、室町幕府では鎌倉府。

日本の東アジアとの関わりと勘合貿易

約500年ぶりに大陸との貿易（勘合貿易・日明貿易）を再開

中央に敗北…

コシャマイン
蝦夷地（北海道）

3代将軍
あしかがよしみつ
足利義満

取り締まり

皇帝から"日本国王"の称号をもらう

古代の卑弥呼と同じ

テーマ 15　東アジアとのかかわり

室町幕府のもとで、日本国内が安定しはじめる14世紀後半、**中国と朝鮮半島がそれぞれ大きく変化する。**

中国では、元が国内の混乱で力を失っていくと、**漢民族がモンゴル民族を追い出して明を建国。**

このころ、中国大陸の沿岸や朝鮮半島を荒らす日本人中心の海賊があらわれ、**倭寇**と呼ばれて恐れられた。

明が、日本に倭寇の取り締まりを求めてくるのをきっかけに、3代将軍足利義満は倭寇を禁止して明に使者を送る。貢ぎ物を献上するかわりに、返礼の品を与えてもらうという朝貢形式で**日明貿易**が始まる。

貿易にあたり、字を書いた札を2つに割り、それぞれを明と日本で分け、そのうちの片方である勘合という札を日本の貿易船に持たせて海賊船と区別した。このことから、日明貿易は**勘合貿易**とも呼ばれる。

14世紀末、**朝鮮半島では、**倭寇を撃退した李成桂が、**高麗をほろぼして朝鮮国**を建てる。

琉球（沖縄県）では14世紀、北山、中山、南山の三勢力が争っていたが、15世紀はじめに中山の王となった尚氏が、北山、南山をほろぼして沖縄島を統一。首里を都とする**琉球王国**を建てる。各国の特産物をやりとりする中継貿易で利益を出して栄えた。

蝦夷地（北海道）では、独自の文化を持つアイヌ民族の生活が、本州の人びとから圧迫されていた。15世紀半ばに首長のコシャマインを中心としたアイヌの人々が立ち向かうものの敗北。その結果、今までよりもさらに強く支配されてしまう。

［日明貿易に使われた勘合］

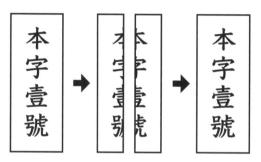

1枚の紙を2つに分けて、片方を日本が持参し、明が持っているもう片方と合えば正式な貿易船と認められた。

1枚の札を2枚に分けて合わせる

つながりPOINT

日明貿易（勘合貿易）は遣唐使が廃止されて以来、約500年ぶりに再開された貿易（朝貢形式）。朝貢で足利義満は中国皇帝から「日本国王」の称号を与えられる。（金印はもらっていないけれど）中国皇帝に朝貢して称号をもらうのは弥生時代の卑弥呼と同じ。

農村・商業の発展と室町文化

役人

寺院

製造・販売の独占を認めてやろう

貴族

どうぞ!

酒屋の集まり　座

商人の集まり　座

手工業者の集まり　座

村は惣村へ商人たちは座をつくる

北山文化（きたやま）

金閣（きんかく）

第3層：禅宗の様式（ぜんしゅう）

第2層：寝殿造と書院造（しんでんづくり）（しょいんづくり）

第1層：寝殿造

室町時代の文化

貴族

僧

武士

ミックスした文化

銀閣（ぎんかく）

第2層：禅宗の様式

第1層：書院造

東山文化（ひがしやま）

- 69 -

テーマ 16　農村・商業の発展と室町文化

　室町（むろまち）時代に入るころから、**惣（そう）と呼ばれる自治をおこなう村**があらわれる。

　自治とは、村中の家の代表が集まって寄合（会議）を開き、村のルールをつくって違反者を罰したり、年貢を集めてまとめて納入したりと、これまで地頭や荘園の管理者がおこなっていたことを自分たちでやることだ。

　自治によって力をつけた村を惣村といい、ほかの惣村と組んで領主のもとに集団で押しかけ「年貢を減らせ」などと要求するようになる。これを**一揆（いっき）**という。

　15世紀になると、一揆の勢いはパワーアップする。

　金融業者である土倉（どそう）や酒屋（さかや）などをおそって借金証書を破り捨てたり、質入れしたものを力づくで奪い返したりするようになる。なかでも農民による一揆は**土一揆（つちいっき）**と呼ばれ、支配者層から恐れられていた。

　土倉や酒屋、商人や手工業者なども同業者ごとに組合をつくった。これを**座（ざ）**という。

　座はグループでお金を集めて、幕府や貴族、寺社などの有力者にそのお金を渡すかわりに、製造や販売を独占する権利を得ていた。

室町時代の文化は、朝廷と幕府のある京都で、貴族と武士が交流し、それぞれの文化がミックスされてつくられた。幕府が保護した禅宗の精神も文化に取り込まれる。

3代将軍足利義満が京都の北山の別荘に建てた鹿苑寺の**金閣**は第一層が寝殿造、第二層が寝殿造と書院造、第三層が禅宗の建築様式になっている。書院造とは、寺院の部屋の様式を武士の住居に取り入れた様式で、現在の和室のつくりのもとになっている。金閣に代表される義満の時期の文化を**北山文化**という。

8代将軍足利義政は京都の東山に慈照寺の**銀閣**を建てる。銀閣の第一層は書院造、第二層は禅宗の様式。義政の時期の文化を**東山文化**という。

つながりPOINT

農民が集まってつくった自治組織が「惣」。土倉や酒屋、商人や手工業者などが集まってつくったのが「座」。どちらも団結して事を進めようとした。

応仁の乱と戦国大名

15世紀半ば

守護
大名

暗殺

6代将軍
あしかがよしのり
足利義教

政治の実権
やま な　ほそかわ
山名氏vs細川氏に

政治より
趣味を
楽しみたい

8代将軍
あしかがよしまさ
足利義政

弟
あしかがよしみ
足利義視

応仁の乱

義視を応援
ほそかわかつもと
細川勝元

足軽の活躍

よしひさ
義尚の後盾
やま な もちとよ
山名持豊
そうぜん
（宗全）

子
あしかがよしひさ
足利義尚

母
ひ の とみこ
日野富子

戦国時代に突入!!

天智天皇の
弟と子との争いと
同じパターン

テーマ17【南北朝〜室町時代】応仁の乱と戦国大名

出て行けー!!

山城（京都府）
やましろ　くにいっき
山城の国一揆

我らには仏が
ついている…

加賀（石川県）
か　が　いっこういっき
加賀の一向一揆

弱い者は去れ!

げこくじょう
下剋上

戦国大名
↑
守護大名

戦国大名

軍隊へ!

領国内の独自ルール
ぶんこくほう
分国法

8代将軍 足利義政の
あとつぎ問題が
応仁の乱に。
ここから戦国時代へ
突入する!

テーマ 17 応仁の乱と戦国大名

15世紀半ば、6代将軍足利義教が守護大名に暗殺されると、政治の実権は管領の細川氏と、有力守護大名である山名氏に移り、この両氏が対立しはじめる。

8代将軍、足利義政のあとつぎ問題をめぐって、義政の弟の義視に細川氏が、義政の子の義尚にその母の日野富子と山名氏がついて、戦いが始まる。

1467(応仁元)年、全国の守護大名が東軍、西軍にわかれて大戦争に発展。この戦乱を**応仁の乱**といい、11年もの長い間続く。

これまでの戦いでは馬に乗った武士たちが戦力の中心だった。応仁の乱では足軽と呼ばれる歩兵集団が活躍する。

応仁の乱をきっかけに、戦国時代に突入する。

〔室町時代の一揆〕

正長の土一揆 (1428年)	近江(滋賀県)の馬借(運送業者)が借金帳消しを求める
山城の国一揆 (1485年)	山城(京都府)の国人(農村の武士)が農民たちと守護大名に反抗する
加賀の一向一揆 (1488年)	加賀(石川県)の浄土真宗(一向宗)の信者たちが起こして約100年、自治をおこなう

　将軍は京都周辺のわずかな土地を支配するだけになり、天皇や貴族、寺社などの領地も各地の有力な武士たちに奪われていく。**実力のある者が自分より身分の上の者に打ち勝つ下剋上**（げこくじょう）の風潮が広がって、力のある武士が守護大名の地位を奪ったり、守護大名がパワーアップして**戦国大名**になったりする例が各地でおきはじめた。

　戦国大名は武士をまとめて軍隊を強化。 城を平地に築き、城の周辺に家来を集め、商工業者を呼び寄せて**城下町**（じょうかまち）をつくる。そして自分たちの領国内を分国と呼び、その分国だけの独自ルールである**分国法**（ぶんこくほう）を定め、領内の武士や領民の行動を取り締まることもおこなわれた。

〔応仁の乱〕

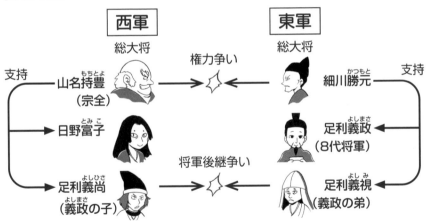

西軍			東軍
総大将	権力争い	総大将	
支持 ─ 山名持豊（もちとよ）（宗全）	→　◇　←	細川勝元（かつもと）	─ 支持
日野富子（とみこ）		足利義政（よしまさ）（8代将軍）	←
足利義尚（よしひさ）（義政の子）	将軍後継争い →　◇　←	足利義視（よしみ）（義政の弟）	←

つながりPOINT

古代、天智天皇（てんじ）の子と弟の争いが「壬申の乱」（じんしん）。室町時代、足利義政の子と弟の争いは「応仁の乱」に発展。子と弟の争いが再び起こった。

ヨーロッパ世界の成立、拡大と日本

キリスト教のローマ教皇を中心としたカトリック教会の勢力が拡大

395年
ローマ教皇

預言者ムハンマド
イスラム教

14世紀　イタリアで古代ギリシャ・ローマ時代の文化や芸術を復活させようとする文芸復興（再生）、ルネサンスが始まる

1492年
コロンブスが大西洋を横断してアメリカ大陸に到達

16世紀
アメリカ大陸はヨーロッパ人が支配する植民地になる

16世紀前半
マゼランの艦隊が世界一周に成功

コロンブス

16世紀はじめ　　　カトリック教会

反対運動
「抗議する者」
プロテスタント

1549年
ザビエルにより
キリスト教が
伝わる

1543年
火縄銃が伝来

ローマ
教皇

南蛮貿易

1592年
天正遣欧使節

キリスト教
と
鉄砲
が
戦国時代の
日本に伝わり
広がっていく

テーマ 18 ヨーロッパ世界の成立と拡大

　さかのぼること395年、**ヨーロッパをまとめるローマ帝国が東西に分裂すると、キリスト教のローマ教皇を中心としたカトリック教会**の勢力が拡大する。

　一方、預言者ムハンマドが説いた**イスラム教が、北アフリカからヨーロッパの一部、東南アジアまで広がる**。イスラム教勢力はキリスト教の聖地、エルサレムを支配。これに対してキリスト教徒は11世紀から13世紀にかけて、ローマ教皇の呼びかけで十字軍として遠征、エルサレムを取り返しに行くが、失敗。

　14世紀になると、イタリアで古代のギリシャ・ローマ時代の文化や芸術を復活させようとする文芸復興（再生）の動き、**ルネサンス**が始まる。

　16世紀はじめ、宗教家の**ルター**などを中心にカトリック教会への反対運動がおこり、宗教改革がおこる。この運動に賛同する人たちのことを**プロテスタント**（抗議する者）という。

　1492年、**コロンブス**は大西洋を横断して、独自の文明が栄えていたアメリカ大陸に到達。16世紀になると、スペイン人はアメリカ大陸を征服し、アメリカ大陸はヨーロッパ人が支配する**植民地**となる。16世紀前半、スペインは**マゼラン**を援助して、マゼランの船隊は世界一周に成功する。

　日本では戦国時代にあたるこの時代、世界では大航海時代を迎えていた。

　1543年、ポルトガル人を乗せた中国船が九州に流れ着き、日本に**鉄砲**が伝わる。1549年には、イエズス会の宣教師**フランシスコ・ザビエル**が鹿児島に上陸し、日本にはじめてキリスト教が伝わる。キリスト教徒（キリシタン）になる大名はキリシタン大名と呼ばれた。

　1582年、イエズス会が日本人少年4人を、キリシタン大名の天正遣欧少年使節としてローマ教皇のもとへ連れていき、ヨーロッパ各地で歓迎される。ポルトガル商人は日本に注目して、貿易が始まる。ポルトガル人やスペイン人は**南蛮人**と呼ばれていたので、この貿易を**南蛮貿易**という。

　16世紀末、スペイン領からオランダが独立。17世紀になると、オランダはヨーロッパの貿易や経済の中心になり、東インド会社を設立。ヨーロッパのアジア貿易を支配するようになる。

[16世紀ごろの世界の様子]

中世：キリスト協会
- ●カトリック教会の勢力拡大
- ●イスラム教勢力の拡大、十字軍の遠征

ルネサンス期：プロテスタント
- ●ルターの宗教改革　●プロテスタントの出現

大航海時代：スペイン、ポルトガル、オランダ
- ●スペインの黄金時代　●オランダの独立と台頭

つながりPOINT

　大航海時代のヨーロッパが戦国時代の日本に伝えた「鉄砲」と「キリスト教」がこれからの日本の歴史を変えていく。

信長・秀吉の全国統一までの道のり

1560年
桶狭間の戦い
今川義元を破る

1573年
将軍・足利義昭を追放

織田信長

1575年 長篠の戦い

安土城

畿内・中部の
大半を支配

楽市・楽座

安土城のまわりの町の税、
商人たちの組合
座をなくす

関所の撤廃

などをおこない、その支配
が順調に進むと思われたが

1582年
本能寺の変

家臣・明智光秀に
攻められて自害

明智光秀

1582年　山崎の戦い

信長の家臣・羽柴秀吉が明智
光秀を破る

早ッ！

は しばひでよし
羽柴秀吉

朝廷から関
白・太政大臣
に任命される

たいこうけんち
太閤検地

田の測量を
役人に命じる

関白
とよとみひでよし
豊臣秀吉

大阪城

1588年
かたながりれい
刀狩令

農民から武器
を取り上げる

へいのうぶんり
兵農分離

1590年

関東の北条氏を滅ぼし、
東北の伊達氏を従えて

天下統一

安土桃山文化

力強く、豪華で
はなやかな文化
南蛮文化の影響も

1591・1597年
ぶんろく けいちょう
朝鮮を攻める　文禄・慶長の役

かのうえいとく からじしずびょうぶ
狩野永徳の唐獅子図屏風など

テーマ 19 全国統一

　尾張（愛知県）の戦国大名**織田信長**は、強力な戦国大名、今川義元を桶狭間の戦いでほろぼして京都に入る。1573年、**信長は足利義昭を京都から追放して、室町幕府滅亡。**

　さらに信長は長篠の戦いで鉄砲を活用して、甲斐（山梨県）の戦国大名、武田勝頼を破る。そして、近江（滋賀県）の安土に城を築き、製造や販売を独占する権利を持った商人の組合（座）を認めない楽市・楽座の政策で商業を発展させる。

　1582年、信長は家臣の明智光秀にそむかれ、本能寺（京都府）で自害する（**本能寺の変**）。10日後に**信長の家臣、羽柴秀吉が後継者として名乗りを上げる。**

　羽柴秀吉は明智光秀を倒し、大阪に城を築き、朝廷から関白に任命され、**豊臣秀吉**と名乗る。

　1588年、**一揆を防ぐために農民や寺社から武器を取り上げる刀狩令**を出す。1590年には北条氏をほろぼし、伊達氏を従え、豊臣秀吉は全国統一を実現。信長と秀吉の時代を**安土桃山時代**という。

　太閤と呼ばれるようになった秀吉は、全国の田の広さや土地のよしあし、予想される生産量を調べる**太閤検地**をおこなって、**大名の領地を統一した石高によって表せるようにする。これを石高制**という。

刀狩と検地によって、武士と農民の身分の差をはっきりさせる兵農分離が進む。

　秀吉は1592（文禄元）年の文禄の役、1597（慶長２）年の慶長の役で二度にわたって朝鮮を攻めたが、秀吉は病死。全軍退却する。

　安土桃山時代の力強く、豪華な文化を**桃山文化**という。

　桃山文化の代表は"城"。信長の安土城、秀吉の大阪城など、巨大な城が建てられる。城の室内には書院造が取り入れられ、狩野永徳や弟子の狩野山楽のような画家たちによって、はなやかな絵が描かれる。

　大名や大商人たちの間では茶の湯が流行して、交流の場になる。豊臣秀吉に伝えた千利休は、茶の作法を完成させた有名人。

　南蛮貿易によってヨーロッパ文化から影響を受けて成立した芸術や流行を**南蛮文化**という。ローマ字の『平家物語』や『伊曽保物語』が印刷されたり、ヨーロッパ風のファッションスタイルが流行したりする。パンやカステラなどの食べ物も伝わった。

つながりPOINT

> 鎌倉幕府は元との戦いをきっかけに滅亡し、豊臣家は朝鮮出兵をきっかけに滅亡につながる。
> 古代の支配者は古墳の大きさで権威をアピールし、安土桃山時代（安土桃山文化）の信長は安土城、秀吉は大阪城、城の大きさで権威をアピールした。

江戸幕府の成立と支配のしくみ

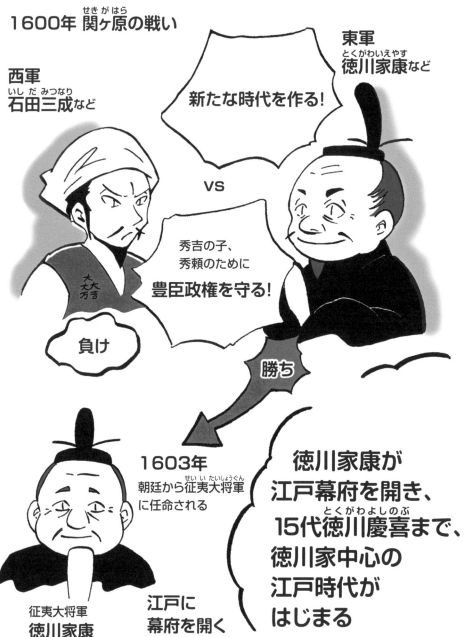

1600年 関ヶ原（せきがはら）の戦い

西軍
石田三成（いしだみつなり）など

東軍
徳川家康（とくがわいえやす）など

新たな時代を作る！

vs

秀吉の子、
秀頼のために
豊臣政権を守る！

負け

勝ち

1603年
朝廷から征夷大将軍（せいいたいしょうぐん）
に任命される

征夷大将軍
徳川家康

江戸に
幕府を開く

徳川家康が
江戸幕府を開き、
15代徳川慶喜（とくがわよしのぶ）まで、
徳川家中心の
江戸時代が
はじまる

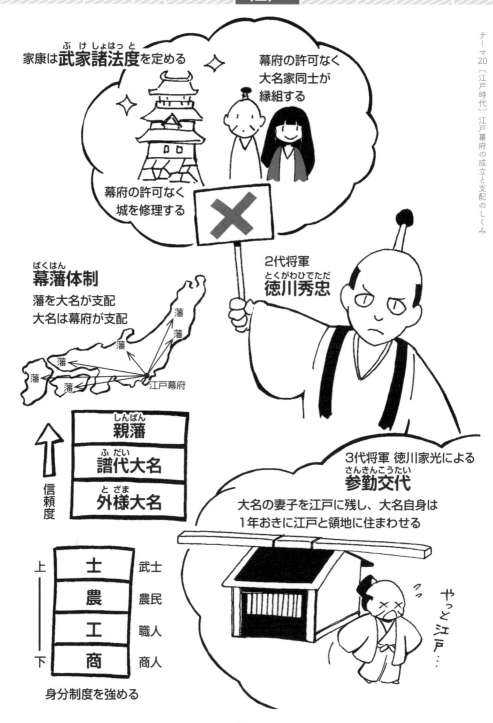

家康は**武家諸法度**を定める

幕府の許可なく
大名家同士が
縁組する

幕府の許可なく
城を修理する

2代将軍
徳川秀忠

幕藩体制

藩を大名が支配
大名は幕府が支配

藩
藩
藩
藩
藩
藩
江戸幕府

親藩

譜代大名

外様大名

信頼度

3代将軍 徳川家光による
参勤交代

大名の妻子を江戸に残し、大名自身は
1年おきに江戸と領地に住まわせる

士	武士
農	農民
工	職人
商	商人

上
下

身分制度を強める

やっと江戸…

テーマ 20 江戸幕府の成立と支配のしくみ

　1600年、豊臣秀吉の子、秀頼の政権を守ろうとする石田三成などの大名と、実権を得ようとする**徳川家康**が天下分け目の戦い、**関ヶ原の戦い**で戦い、石田三成は敗れる。

　家康は1603年に朝廷から征夷大将軍に任命され、江戸（東京都）に幕府を開く。以後260年以上続く**江戸幕府**の**江戸時代**が始まる。

［江戸時代の政治のしくみ］

● 将軍をトップに老中がサポートし、その下に若年寄がつく。そのほか、寺社奉行、町奉行、勘定奉行などの三奉行などの役職が置かれる。非常時には最高職に大老という役職が置かれる。

● 大名の領地とその領地を支配するしくみを**藩**といい、幕府が藩を支配するしくみを**幕藩体制**という。大名は将軍家の親戚である**親藩**、昔から徳川家に従う**譜代大名**、関ヶ原の戦い後に徳川家に従った**外様大名**に分けられる。

　1615年、家康は大名が許可なく城を修理したり、大名どうしが無断で結婚したりすることなどを禁止する**武家諸法度**という法律を定める。3代将軍徳川家光は、大名の妻子を江戸に移し、大名自身は1年おきに江戸と領地に住むという**参勤交代の制度**を定める。どちらも、**幕府に反対する勢力が大きくなることを防ごうとするもの**だ。3代将軍家光が定めた**参勤交代**。

　幕府は大名だけでなく、朝廷に対しても禁中並公家諸法度を定めて、天皇と朝廷の権力をおさえる。また、京都所司代をおいて朝廷の行動も監視する。

　　江戸幕府は秀吉の刀狩などの兵農分離政策を受け継ぎ、さらに身分制度を強めた（**士農工商**→武士と百姓（農民）、町人（職人・商人）などに分けられる）。

［江戸幕府のしくみ］

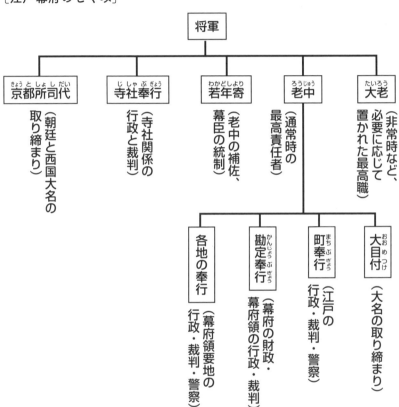

```
                              将軍
    ┌────────┬────────┬────────┬────────┬────────┐
  京都所司代   寺社奉行    若年寄      老中       大老
 （朝廷と     （寺社関係の  （老中の補佐、 （通常時の    （非常時など、
  西国大名の   行政と裁判）  幕臣の統制）  最高責任者）  必要に応じて
  取り締まり）                              置かれた最高職）
                              ┌────┬────┬────┬────┐
                           各地の奉行 勘定奉行 町奉行  大目付
                          （幕府領要地の（幕府の財政・（江戸の  （大名の
                           行政・裁判・ 幕府領の行政・行政・裁判・ 取り締まり）
                           警察）    裁判）   警察）
```

つながりPOINT

将軍をサポートするのは、鎌倉幕府が「執権」、室町幕府が「管領」、江戸幕府が「老中（大老）」。
朝廷を監視するのは鎌倉幕府が「六波羅探題」、江戸幕府が「京都所司代」。

貿易の発展から鎖国へ

徳川家康（とくがわいえやす）

朱印船貿易（しゅいんせん）

朱印状

朱印船

1635年
朱印船貿易禁止！
日本人の帰国・海外渡航
も禁止！

3代将軍
徳川家光（とくがわいえみつ）

宗門改め（しゅうもん） キリスト教を
厳しく取り締まる

天草四郎（あまくさしろう）

1637年
島原・天草（しまばら・あまくさ）
一揆（いっき）

絵踏（えふみ）

圧政と宗教弾圧に対する一揆が
4か月にわたって続く

幕府の役人

テーマ21［江戸時代］貿易の発展から鎖国へ

キリスト教を禁止するため鎖国体制がはじまった

1639年
ポルトガル人を追放、来航禁止

キリスト教禁止！

ポルトガル船

1641年
平戸のオランダ商館を出島に移す

出島

鎖国 外国との付き合いを制限
200年以上続く！

キリスト教を広めない
中国船とオランダ船だけが
貿易を認められる

17世紀半ば
明➡清

17世紀後半
アイヌの首長
シャクシャイン

和人に対する反乱に失敗
アイヌの人びとに対する支配が強化される

テーマ 21 貿易の発展から鎖国へ

　徳川家康は大商人に渡航を許す朱印を押した文書、朱印状を発行して**海外貿易に力を入れる。**これを**朱印船貿易**という。しかし1635年、**3代将軍の徳川家光は日本人の帰国・海外渡航を全面禁止し、朱印船貿易を停止する。**

　1637年、キリスト教徒への迫害や厳しすぎる年貢の取り立てに苦しむ島原(長崎県)や天草(熊本県)の人びとは、神の使いとされる天草四郎(益田時貞)という少年を大将にして一揆を起こす。

　城を占拠してたてこもり、幕府と戦うこの**島原・天草一揆**は4か月も続き、**やっとおさえこんだ幕府は、キリスト教対策を強める。**

　幕府はキリスト教信者を見つけるため、キリストや聖母マリアの像を踏ませる絵踏をおこなったり、宗門改めをおこなう際、仏教の信者であることを寺に証明させ、葬式も寺でおこなわせるようになった。

　1639年、ポルトガル人を追放、来航を禁止し、1641年には平戸のオランダ商館を長崎につくった人工島である**出島**に移した。これで中国船とオランダ船だけが、長崎で貿易を許されることになる。

テーマ21［江戸時代］貿易の発展から鎖国へ

　このように外国との関係は幕府の管理のもとに置かれ、この体制はのちに鎖国（さこく）と呼ばれ、**1854年の開国まで200年以上続く。貿易の利益を幕府が独占し、日本にキリスト教が広がるのをおさえようとした**わけだ。

　17世紀はじめ、薩摩藩（さつま）（鹿児島県）の島津氏が幕府の許可を得て琉球王国（りゅうきゅう）に攻め入り、征服する。薩摩藩は琉球王国の体制を残させたまま、役人を琉球に送って監督する。

　秀吉（ひでよし）の朝鮮出兵（ちょうせんしゅっぺい）以来、国どおしの交流がとぎれていた朝鮮とは、1609年、対馬藩（つしま）（長崎県）の宗氏（そう）によって交流が再開。将軍が代わるごとに通信使と呼ばれる使節が日本に来ることになる。

　17世紀半ば、明（みん）が国内の内乱でほろぶと、中国東北部の女真族（じょしんぞく）の国である清（しん）が、中国全土を支配下に置く。
　17世紀後半、蝦夷地（えぞち）（北海道）のアイヌの人びとが南部の松前藩（まつまえ）に対して反乱を起こすが鎮圧され、首長のシャクシャインは処刑。アイヌは松前藩に支配されるようになり、アイヌ人はさらに不利な立場に追い込まれる。

つながりPOINT

室町時代の貿易は勘合（かんごう）による勘合貿易、アイヌの首長はコシャマイン。
江戸時代の貿易は朱印状（しゅいん）による朱印船貿易、アイヌの首長はシャクシャイン。

江戸時代はじめの産業の発達と農業の進歩、元禄文化

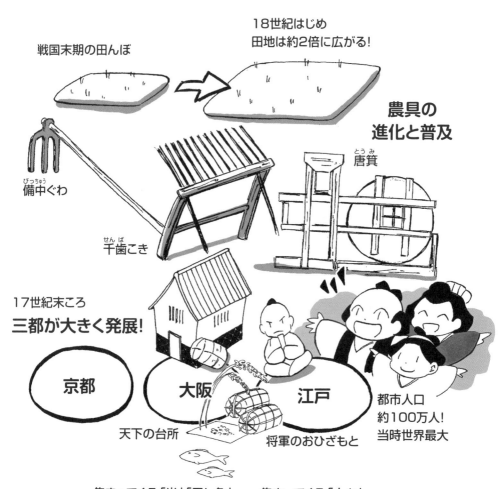

戦国末期の田んぼ

18世紀はじめ
田地は約2倍に広がる!

農具の進化と普及

備中ぐわ

千歯こき

唐箕

17世紀末ころ
三都が大きく発展!

京都

大阪

江戸

天下の台所

将軍のおひざもと

都市人口
約100万人!
当時世界最大

集まってくる「米」「干し魚」　集まってくる「人々」

経済力のある町人が増える

元禄文化が栄える

テーマ22 ［江戸時代］産業の発達と農業の進歩

元禄文化

歌舞伎（かぶき）

人形浄瑠璃（にんぎょうじょうるり）

風神雷神図屛風（ふうじんらいじん ずびょうぶ）
俵屋宗達（たわらや そうたつ）

俳諧（俳句）（はいかい はいく）
松尾芭蕉（まつお ばしょう）

浮世草子（うきよぞうし）
井原西鶴（いはらさいかく）

浮世絵（うきよえ）
菱川師宣（ひしかわもろのぶ）

儒学（朱子学）（じゅがく しゅしがく）
を学ぶがよい

5代将軍
徳川綱吉（とくがわつなよし）

テーマ 22

産業の発達と農業の進歩

18世紀のはじめ、豊臣秀吉（とよとみひでよし）のころにくらべると、耕地面積は約2倍にまで広がる。

土地の開墾（かいこん）にあわせて農具も進化して普及する。

- 備中（びっちゅう）ぐわ：刃先がくし状になっていて、深く土に打ち込める。荒地を耕すのに適した道具。
- 千歯（せんば）こき：くしのような細い鉄の棒の間に稲のたばをはさみ、もみをしごき落とす道具。昭和のはじめまで使われていた。
- 唐箕（とうみ）：羽を回して風を起こし、風を脱穀したもみに当ててもみがらやごみを飛ばし、実の入ったもみだけを取り出す道具。

17世紀末ころ、江戸、大阪、京都の三都が大きく発展する。江戸は「将軍のおひざもと」といわれる城下町で、**18世紀のはじめには人口約100万人、世界最大級の都市に成長**する。

大阪は米や特産品などを売りさばく市場となり、食べ物がそろう「天下の台所」と呼ばれる。

都市では、問屋（とんや）や仲買（なかがい）いなどの商人が、株仲間（かぶなかま）という同業組合のグループをつくり、商売上のルールを決めたり、新しくグループに入るのを制限したりして営業を独占した。

都市が繁栄し豊かになった大阪・京都の町人たちの活躍で、絵画、文学、演芸などが力強く華やかになり、**元禄（げんろく）文化**が生まれる。

　上方の坂田藤十郎や江戸の市川団十郎の歌舞伎、近松門左衛門によって書かれた義理と人情の人形劇、**人形浄瑠璃**が流行する。

　文学では井原西鶴の**浮世草子**という小説、松尾芭蕉の**俳諧（俳句）**が新たな文芸として生み出される。

　絵画では、風神と雷神の屏風絵で有名な俵屋宗達の影響を受けた**尾形光琳**の装飾画や、町人の生活を描いた**菱川師宣**の浮世絵が木版印刷による大量生産が可能になり、庶民にも広がっていく。

　学問では、5代将軍**徳川綱吉**が孔子の儒学を学ぶことをすすめた。儒学のなかでは身分の上下を重視する**朱子学**、実際の行動を重視する**陽明学**が学ばれた。

〔徳川家でポイントになる将軍〕

第1代	家康	江戸幕府を開く
第2代	秀忠	大坂冬の陣、夏の陣
第3代	家光	鎖国、参勤交代
第5代	綱吉	生類憐みの令
第8代	吉宗	享保の改革
第15代	慶喜	大政奉還

つながりPOINT

　商人の同業者組合は室町時代が「座」、江戸時代が「株仲間」。営業を独占する権利を認めてもらうためにつくられたもの、という点はどちらも同じ。

享保の改革と寛政の改革

17世紀後半
金・銀の産出量が減る

江戸の大火
復興資金

湯島聖堂・寺院を
建設して
お金がなくなる

純金の割合を下げる

小判　→　ボロ　ボロ

5代将軍
徳川綱吉

生き物を
大切にせよ！
生類憐み
の令

さらに経済が悪化

8代将軍
徳川吉宗

参勤交代を
免除する

上げ米の
制度

かわりに
米を大名
からもらう

米将軍

小石川養生所

公事方御定書

1716(享保元)～1745年
享保の改革

老中　田沼意次（たぬまおきつぐ）（ろうじゅう）

18世紀後半

商業重視
商工業は発達したが、役人へのワイロが横行

浅間山噴火

交代

不作

打ちこわし増加

老中　松平定信（まつだいらさだのぶ）　寛政の改革

11代将軍　徳川家斉（とくがわいえなり）

ぜいたく禁止！
政治批判禁止！

ぜいたく好き➡

吉宗の孫➡

やめさせろ！

幕府のお金がなくなって
改革を進めるが、うまくいかなかった

テーマ 23 幕府政治の改革

　　17世紀後半、金銀の産出量が減ったうえに、江戸で起こった大火事からの復興ため、**幕府の財政はピンチだった。**しかも5代将軍**徳川綱吉**は孔子をまつる湯島聖堂や寺院建設に大金を使い、財政はさらに悪化。綱吉は儒学だけでなく仏教も信仰し、生き物を殺すことをよくないと考え、生き物を極端に保護する**生類憐みの令**を出す。

　　幕府は小判の質を下げ、そのぶん多くの小判をつくる作戦に出るが、物価は上がり、さらに財政が悪化する。

　　1716(享保元)年、8代将軍**徳川吉宗**は、家康の政治を理想とする**享保の改革**をはじめる。

● **ぜいたくを禁止する倹約令**を出し、米を幕府に納めさせるかわりに、参勤交代で大名が江戸に滞在する期間を半年に減らすという**上げ米**の制度をつくり、財政を立て直す。

● 訴えるための手続きや刑罰の基準をはっきりさせ、裁判を正しくおこなうために**公事方御定書**という法律を定める。町民も意見を投書できる目安箱を設置。これにより、貧しい人のための病院、小石川養生所がつくられた。

　18世紀後半、老中田沼意次は、商工業者が株仲間というグループをつくって特権を得るのを認めるかわりに営業税をとるなど、**商業重視で財政を立て直そうとする**。しかし、天明の大ききんや浅間山大噴火の火山灰による天候不順により、各地で一揆や打ちこわしがおこなわれ、商人たちからのわいろなども広がる。こうして社会不安が高まり、田沼への批判が多くなって老中をやめさせられる。

　田沼意次にかわって老中になったのが、8代将軍吉宗の孫の松平定信。祖父の吉宗による享保の改革を手本に、農業を基本において**寛政の改革**をおこなう。

　庶民にぜいたくを禁じる倹約令を出し、政治批判を禁止し、出版を厳しく取り締まることで、人びとの反感を買った。ぜいたくを好む当時の将軍（徳川家斉）とも対立する。そして松平定信も老中をやめさせられる。

つながりPOINT

家康の政治を手本にして8代将軍徳川吉宗がおこなったのが「享保の改革」。徳川吉宗の孫の松平定信が享保の改革を手本におこなったのが「寛政の改革」。
裁判の基準をはっきりさせた法律は、鎌倉時代が「御成敗式目（貞永式目）」、江戸時代が「公事方御定書」。

化政文化と新しい学問

江戸後期（19世紀はじめ）

化政文化　江戸の町人中心

美人画
喜多川歌麿

歌舞伎

江戸前期の元禄文化

京都・大坂

落語

大相撲

風景画
葛飾北斎
歌川（安藤）広重

18世紀半ばころ

昔の学問の研究　**国学**

『古事記』を研究して
『古事記伝』をあらわす

最新の学問

蘭学

ヨーロッパの学問

前野良沢

オランダ語の医学書を翻訳

『解体新書』をあらわす

杉田玄白

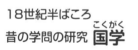

本居宣長

19世紀のはじめころ

伊能忠敬（い のうただたか）
全国の海岸線を測量する

長崎・鳴滝塾（なるたきじゅく）

シーボルト

西洋の
学問・医学を
日本に!

読み書き　そろばん

寺子屋などで農民や町民も学ぶ

化政文化は
江戸っ子らしい
シャレと
ユーモアの文化

テーマ 24 化政文化と新しい学問

19世紀はじめ、**江戸時代後期になると文化の中心が大阪・京都から江戸に移り**、江戸の町人を中心とする**化政文化**が生まれた。

庶民の間に娯楽が広まり、歌舞伎や落語、大相撲が楽しまれるようになった。

化政文化では特に絵が大流行した。**喜多川歌麿**は美人画、**葛飾北斎**や**歌川（安藤）広重**は風景画を描いて有名に。

文学では、十返舎一九の『東海道中膝栗毛』や曲亭（滝沢）馬琴の『南総里見八犬伝』などの長編小説が評判になった。俳諧では小林一茶が農民の素朴な感情を詠み、与謝蕪村が松尾芭蕉の作風を受け継ぐ作品を残した。

18世紀半ばころから、**日本古来の学問と最新の学問**の研究がそれぞれ進む。**日本古来の精神に学んで、日本の古典研究を進める**のが**国学**で、**本居宣長**が『古事記』を研究して『古事記伝』をあらわした。

オランダを通じて伝わったのが当時ヨーロッパ最新の学問である**蘭学**。医師の前野良沢、杉田玄白たちが、オランダ語の医学書を翻訳して『**解体新書**』として出版した。

19世紀のはじめには、伊能忠敬がヨーロッパの測量技術で日本全国の海岸線を測量し、はじめて正確な日本地図をつくった。

　オランダ商館の医師として日本にやってきたシーボルトは、長崎に鳴滝塾を開き、手術をおこない、西洋の学問を教えた。

　藩では、藩の学校である藩校がつくられ、武士に学問や武道を教えられるようになった。**庶民の間でも教育への関心が高まり、町や農村に多くの寺子屋が開かれ**て、読み・書き・そろばんなど、日常に役に立つ知識が教えられるようになった。

つながりPOINT

江戸時代前期は大阪・京都の町人から、明るく元気な関西ノリの元禄文化が生まれた。

江戸時代後期は江戸っ子たちから、「粋（いき）」と「通（つう）」を好むお洒落さと、皮肉の効いたユーモアが特徴の化政文化が生まれた。

ヨーロッパの近代文明とアメリカ大陸

スペイン

オランダ

ポルトガル

17世紀以降の
ヨーロッパ
の中心の
移り変わり

ドイツ

ロシア

フランス

イギリス

1642年 イギリス

ピューリタン
（清教徒）
革命

1688年 名誉革命

1689年

権利の章典

議会の
承認がない
と権力が
使えない

反対

国王はいらない
共和制へ

立憲君主制
＋
議会政治

強い海軍で
18世紀
ヨーロッパ
最強に

アメリカ大陸では…

イギリス　vs　フランス

1776年 独立宣言

アメリカ合衆国誕生!

1789年フランス

フランス革命人権宣言
⬇
共和制へ

1804年ナポレオン皇帝に
⬇
その後島流し

イギリスで議会政治がはじまり、18世紀にアメリカ合衆国が誕生

フランスでは共和制がはじまる

テーマ25 ヨーロッパの近代文明

テーマ 25　ヨーロッパの近代文明

　　17世紀以降のヨーロッパの中心は、ポルトガルとスペインから**オランダへ、そしてイギリスとフランスへと移り、そこにアメリカが加わり、さらにドイツやロシアも急成長していく**という**激動の時代に突入**する。

　ヨーロッパでは、**古い社会体制を批判し、新しい主張をする思想家**が出てくる。ロックは個人を社会の基本とする社会契約論を主張。モンテスキューは権力の集中を避けるべきだという「三権分立」を主張。

三権とは
「立法権」（法律をつくる権利）
「司法権」（法律でさばく権利）
「行政権」（法律をもとに政治をおこなう権利）

　ルソーは人民主権と社会契約説を主張。彼らの思想を啓蒙思想といい、近代の国ぐにに大きな影響を与える。

　イギリスでは1642年、国王に議会が反対。内戦になり、クロムウェルの指導により、国のトップをつくらない共和制になる。**議会に清教徒が多かったことから、ピューリタン（清教徒）革命**という。共和制は長続きしないで、王政に戻り、国王は議会の承認なしに権力を使えないという**権利章典**を制定。これを**名誉革命**という。イギリスは憲法にもとづいて国王が政治をおこなうという立憲君主制と、議会によって政治がおこなわれる議会政治が確立。強力な海軍を持つようになって植民地を拡大する。18世紀後半にはヨーロッパの最強国になる。

　アメリカ大陸では北アメリカ植民地の人びとが1776年に**独立宣言を発表し、イギリスと戦争**をする。この独立戦争にフランスが植民地側に加わって、植民地側が独立を勝ち取って**アメリカ合衆国**が誕生する。**アメリカ合衆国憲法**にもとづいて、自立した州が連合する連邦制をとりながらも、中央の政府が強い権限を持つ体制となって、これが今後のアメリカ合衆国の基礎となる。

　フランスでは1789年、フランス革命が起こり人権宣言が発表される。国王は処刑される。**人権宣言**が発表されて1792年に**王政が廃止、共和制が成立**する。

　1804年に皇帝の位についたナポレオンは、ヨーロッパ諸国の戦争につぎつぎに勝利するが、反撃を受けてナポレオン軍は敗退。島に流されて権力を失う。

〔人権宣言〕

第1条　人間は生まれながらにして自由で平等な権利を持っている。
第3条　すべての主権は、もともと国民の中にある。
第11条　思想と言論の自由な発表は、人間の最も尊い権利のひとつである。
（一部要約・抜粋）

つながりPOINT

ルソーの思想は日本の青年たちにも広がって自由民権運動につながり、モンテスキューの三権分立の考えは、現在の日本で採用されている。

産業革命と資本主義

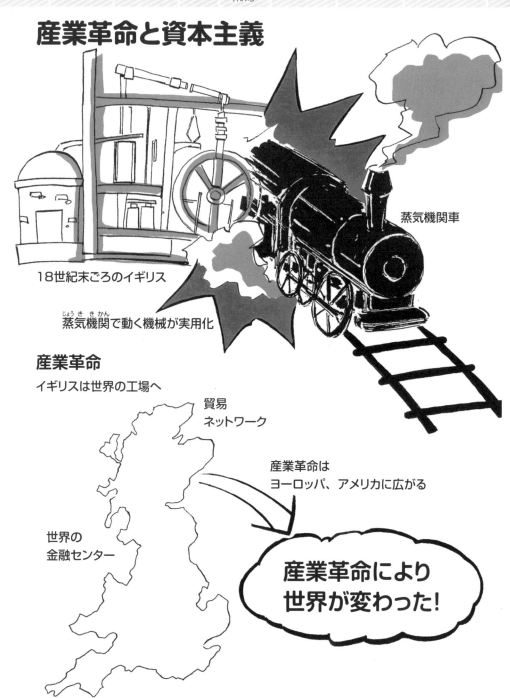

蒸気機関車

18世紀末ごろのイギリス

蒸気機関で動く機械が実用化

産業革命

イギリスは世界の工場へ

貿易
ネットワーク

産業革命は
ヨーロッパ、アメリカに広がる

世界の
金融センター

産業革命により
世界が変わった！

テーマ26 産業革命と資本主義

イギリス　アメリカ　ドイツ　フランス

各国が工業にもとづく経済力で争う資本主義の時代へ

19世紀前半 **イギリスの三角貿易**

イギリス
東インド会社

茶・絹

清

銀

銀　アヘン

銀

絹織物

インド

1861年
アメリカ大陸

リンカン大統領

アヘン戦争

イギリス➡清
1842年 南京条約

南北戦争
北部が勝利して
アメリカ統一
➡大国へ

1871年
ドイツ統一
ドイツ帝国へ
➡工業力
世界トップへ

テーマ 26　産業革命と資本主義

18世紀末ころのイギリスでは、蒸気機関で動く機械が実用化され、機械工業や製鉄業でも活用される。

19世紀はじめ、蒸気機関車が開発され、全国を鉄道で結ぶ交通網が発達。このような**産業革命**により、**イギリスは「世界の工場」と呼ばれ、**世界各地の植民地と本国を結ぶ貿易ネットワークができる。首都ロンドンは、世界経済を動かすための資金調達をする金融センターとなる。

産業革命は19世紀にヨーロッパ諸国やアメリカ合衆国にも広がり、各国が工業にもとづく経済力で競い合う**資本主義**の時代になる。資本主義とは、利益を求めて自由に競争し、生産の元になる資本を持つ者（資本家）が経営者になり、賃金をもらって働く者（労働者）を雇うしくみ。

一方、資本主義に反対して、労働者を中心とした平等な社会をつくるべきだという**社会主義**を主張する人も出てくる。

1871年、**フランスとの戦いに勝ったプロイセンが中心となってドイツを統一、ドイツ帝国が成立**する。ドイツは、工業を急速に発展させることに成功し、工業力ではイギリスを上まわるようになる。

アメリカ合衆国は奴隷制や経済政策をめぐって国が南北に分裂。1861年に南北戦争が始まり、**リンカン大統領の指導のもと、アメリカの統一と奴隷の解放を求める北部が勝利。**その後、工業が急速に発展し、大国へと成長する。

　イギリスは、産業革命によって大量に生産した綿織物などをインドに輸出し、インドで栽培したアヘン（麻薬）を清に密輸するという**三角貿易**で利益をあげる。これにより、インドでは安い綿製品が大量に出回り、清では大勢の麻薬患者が発生。清はアヘンの売買を禁止したため、イギリスは清に戦争をしかけて**アヘン戦争**に勝利する。そして1842年、イギリスは清に不平等条約である**南京条約**をおしつける。

　このアヘン戦争の結果を知った江戸幕府は、ヨーロッパ諸国の軍事力に警戒を強める。

　1857年、インドではイギリスに対する反乱が各地で広がるものの、イギリス人におさえこまれる（インドの大反乱）。イギリスはインドの皇帝を退位させてイギリスの国王をインドの皇帝にする。そして、インドを植民地支配の拠点とした。

つながりPOINT

産業革命によって工業が発展➡資本主義社会が生まれ、経済力と軍事力が高まる➡植民地を広げようとする帝国主義が生まれる➡各地で戦争が起きる。

日本の開国と不平等条約

19世紀になると…
各国の外国船が日本に
やってくるようになる

そこで…1825年
異国船打払令（いこくせんうちはらいれい）
幕府は大名たちに、
近づく外国船を攻撃
するように命じる

1830年代…
天保のききん（てんぽう）

1837年
もと大阪町奉行
大塩平八郎の乱（おおしおへいはちろう）

老中
みずのただくに
水野忠邦

1841年
てんぽう
天保の改革

株仲間解散 ➡ 失敗

倹約令 ➡ 失敗

江戸の三大改革

1716年 享保の改革 徳川吉宗 ➡ **成功!**
　　　　きょうほう　　　　とくがわよしむね

1787年 寛政の改革 松平定信 ➡ **まあまあ…**
　　　　かんせい　　　　　まつだいらさだのぶ

　　　天保の改革 水野忠邦 ➡ **失敗…**

1853年
ペリー

黒船来航

にちべいわしんじょうやく
日米和親条約

下田(静岡県)と函館(北海道)を開港して
食料と燃料の補給をゆるす
➡鎖国体制の終わり

アメリカと結び、イギリス、ロシア、
オランダとも同様の条約を結ぶ
　　　　その後
　　　　　➡

にちべいしゅうこうつうしょうじょうやく
日米修好通商条約 を結ぶ

函館、横浜、長崎、新潟、神戸の
　5港を開港。領事裁判権を認め、
　　関税自主権がない

老中
あべまさひろ
阿部正弘

外国におどされて
鎖国体制が終了

日本に不利な
不平等条約

テーマ 27 開国と不平等条約

19世紀に入ると、外国船が食料や燃料の補給のために日本の沿岸にあらわれるようになる。

幕府は1825年、**異国船打払令**（うちはらい）を出し、沿岸に近づいてくる中国、オランダ以外の外国船を攻撃するよう全国の大名に命じる。

1830年代、天保のききんにより農作物の不作が続く。1837年、大阪町奉行所の役人だった**大塩平八郎**（おおしおへいはちろう）たちが大商人をおそって米などを奪い、貧しい人にわけようとするが、この**大塩平八郎の乱**は1日でしずめられた。

1841（天保12）年、老中の**水野忠邦**（みずのただくに）は、寛政の改革にならって、**天保の改革**（てんぽう）を始める。株仲間（かぶなかま）を解散させたり、倹約令を出したりするがうまくいかず、2年で老中をやめさせられてしまう。

1853年、アメリカのペリーが4隻の軍艦を率いて浦賀（神奈川県）に来航、開国を要求する。当時、日本の船は帆船だったが、ペリーがやって軍艦は蒸気船。人々は大いに驚いて**黒船**と呼んだ。日本は**日米和親条約**（にちべい）（わしん）を結び、下田（静岡県）と函館（北海道）の港を開いて、アメリカの船に食料と燃料を与えることを約束させられる。のちに、イギリス、ロシア、オランダとも同じ条約を結ぶことになる。

その後、外国のプレッシャーに負けた大老の井伊直弼〈いいなおすけ〉は、朝廷の許可を得ずに函館、神奈川（横浜）、長崎、新潟、兵庫（神戸）の５港を開くという**日米修好通商条約**〈にちべいしゅうこうつうしょう〉を結ぶ。この条約は**領事裁判権（治外法権）**〈りょうじさいばん〉を認め、**関税の自主権**〈かんぜい〉が日本にないという点で、日本にとって非常に不利なものだった。

領事裁判権とは、**日本にいる外国人を日本の法律で裁くことができない**ということ。**関税の自主権がない**とは、**輸入品にかける関税を日本で決められない**というもの。安い輸入品が大量に入ってくると、日本で生産されたものが売れなくなってしまうことになる。

［開港地］

つながりPOINT

このころ、清〈しん〉も日本も、外国からの強いプレッシャーに負けてしまった。
アヘン戦争でイギリスに負けた清は不平等条約である**南京条約**〈ナンキン〉を結ばされ、日本は不平等条約である**日米修好通商条約**をアメリカなどの国と結ぶことになった。

尊王攘夷運動と江戸幕府の滅亡

井伊直弼が江戸城・桜田門外で元水戸藩士たちに暗殺される

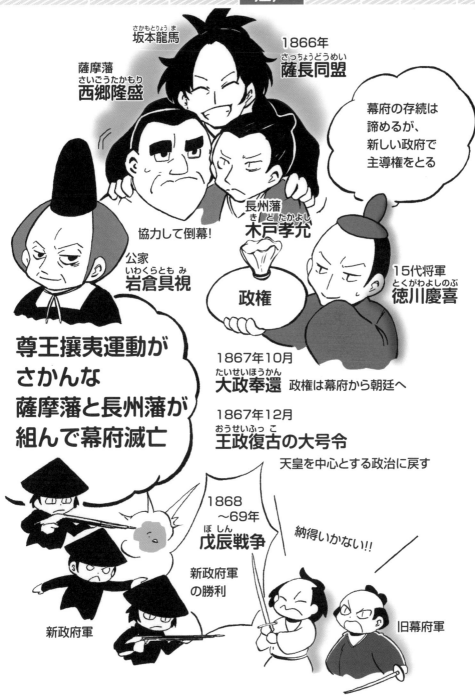

坂本龍馬
さかもとりょうま

1866年
薩長同盟
さっちょうどうめい

薩摩藩
西郷隆盛
さいごうたかもり

幕府の存続は
諦めるが、
新しい政府で
主導権をとる

協力して倒幕!

長州藩
木戸孝允
きどたかよし

公家
岩倉具視
いわくらともみ

政権

15代将軍
徳川慶喜
とくがわよしのぶ

尊王攘夷運動が
さかんな
薩摩藩と長州藩が
組んで幕府滅亡

1867年10月
大政奉還　政権は幕府から朝廷へ
たいせいほうかん

1867年12月
王政復古の大号令
おうせいふっこ
天皇を中心とする政治に戻す

1868
～69年
戊辰戦争
ぼしん

新政府軍
の勝利

納得いかない!!

新政府軍

旧幕府軍

- 117 -

テーマ 28 江戸幕府の滅亡

　通商条約を結んだ幕府は、庶民だけでなく朝廷、大名、武士などからも批判され、「これからは頼りない幕府ではなく、**天皇を尊敬し、朝廷中心の体制に戻して外国を攻撃すべき**」という尊王攘夷（そんのうじょうい）を主張する運動が起きる。

　これに対して、**大老の井伊直弼（たいろう　いいなおすけ）は尊皇攘夷派を次々に処刑**、処罰する安政の大獄（あんせい　たいごく）という弾圧をおこなう。

　しかし1860年、**井伊直弼はもと水戸藩士たちに斬り殺されてしまう**。これを桜田門外の変（さくらだもんがい　へん）といい、**幕府はさらに力を失う**。

　尊王攘夷のムードが高まるなか、1863年、長州藩はアメリカ商船やフランス艦を砲撃するが、翌年４か国の軍艦による報復攻撃を受けて、下関砲台が占領される（下関戦争）。薩摩藩は生麦村（さつま　なまむぎむら）（横浜市）で大名の行列を横切ったイギリス人を斬り殺し、報復攻撃を受けて薩英戦争（さつえい）となり敗れる。

　1866年、薩摩藩の**西郷隆盛（さいごうたかもり）**と長州藩の**木戸孝允（きど　たかよし）**は、土佐藩（高知県）の浪人、**坂本龍馬（さかもとりょうま）**などの仲立ちで、**江戸幕府を倒すための薩長同盟（さっちょうどうめい）**を結ぶ。

　薩摩藩と長州藩は、**朝廷による政治の復活をめざす公家の岩倉具**視（いわくらとも）と協力し、**幕府を武力で倒す倒幕計画を立てる。**15代将軍**徳川慶**喜（のぶ）は幕府だけで政治を動かすことは困難だと考えた。そこで、**朝廷による新政権のなかで幕府勢力が主導権をにぎれるよう、**1867年10月、政権を朝廷に返す**大政奉還**をおこなう。これに対し1867年12月、**倒幕派の西郷や岩倉は幕府勢力を排除し、天皇を中心とする政治に戻す王政復古の大号令**を出す。

　こうして約260年続いた江戸時代、約700年続いた**武士の時代が終わる。**

　王政復古の大号令に不満を持ったのが譜代大名たち。鳥羽・伏見（京都市）で新政府軍と戦争をするが敗北。慶喜は江戸に引き上げて政治から引退。慶喜から幕府の後始末を任された勝海舟は新政府に江戸城を明け渡し、江戸幕府が終了する。

　1869年、旧幕府軍は最終決戦である函館の五稜郭の戦いで新政府軍に敗れ、**旧幕府軍と新政府軍の数度にわたる戦い戊辰戦争**が終了する。

　┌─**つながりPOINT**─┐

もともとは仲の悪い薩摩藩と長州藩だったが、どちらの藩も武力で外国に敗れたことをきっかけに同盟を結んで倒幕へ。幕府軍に勝利して明治新政府を立ち上げる。

明治政府の成立 －明治維新－

1868年
天皇が京都から東京に
正式に移る

明治天皇

「江戸」は「東京」という名称に。
元号は「慶応」から「明治」に

日本を外国に負けない国に！

五箇条の御誓文

天皇が中心となり世界
に開かれた国をつくる

戸籍

1869年 **版籍奉還**

土地

土地

人民（戸籍）

各藩の大名、藩主
たちが治めていた
土地と人民を政府
に返させる

奈良時代の
公地公民と同じ

身分制度も廃止
皇族以外は平等

士
農
工
商

1871年
廃藩置県
藩➡府・県

明治時代のスローガン **富国強兵**（ふ こくきょうへい）

国を豊かに

軍備を強化

明治維新の三大改革

 ❶学制

6歳以上の男女全員が小学校教育を受ける

❷兵制（徴兵令）

満20歳以上の男子全員に兵役（へいえき）の義務を課す

国民皆兵　　　兵隊として働く

土地の所有者から
現金で徴収

❸税制

1873年　地租改正

土地の価値をもとに決めた税

明治維新で
天皇中心で、外国に負けない強い国に
するための中央集権の国づくりが進む

テーマ 29 明治政府の成立

1868年、**江戸**の呼び名は**東京**になり、元号は明治に改められる。今後、天皇一代の間は年号を変えないことが定められ、今に続いている。

1869年、東京が新しい首都になり、天皇も正式に東京へ。人びとは新政治を**御一新**と呼んで新しい世の中に期待した。

明治新政府の改革を**明治維新**といい、**天皇中心の、外国に負けない強い国にするための中央集権国家づくり**が進む。

- 1868年、天皇は「天皇が中心となり世界に開かれた国をつくる」という政治方針を、祖先の神がみに誓うかたちで**五箇条の御誓文**を出す。
- 1869年、**版籍奉還**が実施され、各藩の大名、藩主たちが治めていた土地（版図）と人民（戸籍）を政府に返させる。
- 1871年には藩を廃止し、府・県を置く**廃藩置県**を実施する。**身分制度の廃止**も実施され、天皇のもとに国民をひとつにまとめるために、皇族（天皇の一族）以外は平等とされる。

明治維新では、「**富国強兵**」と「**殖産興業**」のスローガンのもと、改革がおこなわれた。「富国強兵」とは、国を富ませて経済力をつけ、軍隊を強化すること。そのための3つの制度改革がおこなわれた。

- **学制**：国民の教育水準を高めることで国の経済力をアップさせ、強い軍隊をつくろうとするもの。**6歳以上の男女全員が小学校教育を受ける**ことになり、各地に小学校がつくられた。
- **兵制**：江戸時代までは武士中心だった軍隊から、国民による近代的な強い軍隊をめざされる。**満20歳以上の男子全員に兵役の義務を課す徴兵令**が出された。これを**国民皆兵**という。

●税制：**富国強兵**の「富国」にあたる制度改革だ。江戸時代は年貢米というかたちで税をとっていたが、米は豊作だったり不作だったりと、税が安定しない。そこで財政を安定させるために、1873年から**地租改正**を実施する。**土地の価格である地価の3％にあたる税（地租）を、土地の所有者から現金で徴収する**ようになった。しかし、税の負担はほとんど変わらず、各地で地租改正反対の一揆が起こったので、政府は地租を2.5％に引き下げた。

つながりPOINT

飛鳥時代、聖徳太子（厩戸王）は天皇中心の制度を広げた。奈良時代、大化の改新では中大兄皇子が蘇我氏の勢力を排除して天皇中心の国家づくりをめざした。

明治時代、明治維新では新政府が徳川家をはじめとする大名の勢力を排除して天皇中心の国家づくりをめざした。

明治の思想と文明開化、殖産興業

江戸時代
➡明治時代
1日=24時間
1週間=7日

啓蒙思想家
ふくざわゆきち
福沢諭吉

『学問のすゝめ』
人の自由と平等、
独立の思想を紹介

天は人の上に人を造らず、
人の下に人を造らず、
と言へり。

多くの青年たちが
政治に参加する
意識を高める

1万円札つながり

なかえちょうみん
中江兆民
"東洋のルソー"

ルソーの思想を紹介

1869年 電信が開通

東京

横浜

新橋

横浜

1872年
日本初の鉄道開通

蒸気船の運行開始

政府が
富岡製糸場（群馬県）をつくる

日本資本主義の父
渋沢栄一

現代も続く大企業を含む
500社以上の設立に関わる

文明開化とは「近代化」と「西洋化」
手工業は工場で機械化が進み、
ヨーロッパの生活スタイルや考え方が広がる

テーマ 30　文明開化と殖産興業

　明治になり、政府はヨーロッパの制度や文化を取り入れた。人びとの生活は、鎖国(さこく)をしていた江戸時代の頃から急激に変わっていく。「ザンギリ(散切り)頭をたたいてみれば、文明開化の音がする」という歌が流行し、侍はちょんまげをカットして現代風のヘアスタイルになった。洋服を着る人も増えた。牛鍋などの肉食文化が一般的になり、パンを食べて牛乳を飲む人も増えていく。

　街の様子も変化した。れんが造りの洋風建築が並び、ランプやガス灯がつけられた道路には、人力車や馬車が走るようになった。

このような社会の変化を文明開化(ぶんめいかいか)という。

　これまでの太陰暦(たいいんれき)から1日24時間、1週間を7日とする太陽暦(たいようれき)に変わり、日曜が休日になる。

　欧米の思想が広がる。福沢諭吉(ふくざわゆきち)は『学問のすゝめ』で平等の大切さと民主主義を紹介した。

　"東洋のルソー"と呼ばれた中江兆民(なかえちょうみん)は、ルソーの思想を紹介し、多くの青年たちが自由民権運動に参加するきっかけをつくる。自由民権運動とは、国民が政治に参加する権利を得るために行動すること。

　江戸時代、幕府によって禁止されていた知識や学問は、明治時代になって禁止がとかれる。活版印刷(かっぱん)という印刷技術が広がって、新聞や雑誌がつぎつぎに発行され、人びとの間に新しい思想が広がっていく。信仰の自由も認められ、キリスト教の禁止もとかれる。その一方で、日本古来の神々をまつる神道(しんとう)を国の宗教とする動きも出てきて、仏教を排除する運動も起こる。

　　明治時代のスローガンである**富国強兵**の「富国（豊かな国）」を実現
するために欠かせない、交通と通信の整備も進む。

　1869年、日本初の電信が東京・横浜間に開通する。1871年には江戸時
代の飛脚にかわる郵便制度が始まり、翌年の1872年には新橋・横浜間に
日本初の鉄道が開通する。海運も整備され、日本の沿岸航路を蒸気船が運
航するようになる。これらはすべて、明治になって5年以内のできごとだ
から、すごいスピードで発展していったことがわかる。

　外国によく売れていた日本の生糸の生産を増やすため、政府は群馬県に
富岡製糸場をつくる。フランスの技術者を招き、最新技術を導入して生
糸を生産。この富岡製糸場のように、**近代産業を育てるため、政府が
お手本としてつくる工場を官営模範工場**といって、ほかの産業の工場
も積極的につくっていく。**近代産業を育てる**ことを**殖産興業**といい、
富国強兵と同様に明治時代のスローガンとなっていた。

つながりPOINT

> ヨーロッパ諸国、アメリカ合衆国では、19世紀はじめの
> 産業革命によって近代化が進み、経済力、軍事力が上がっ
> ていく。
> 日本では19世紀末の明治時代の文明開化によって近代化
> が進み、経済力、軍事力が上がっていく。

岩倉使節団と近隣諸国との関係

1871〜73年　総勢107名　大規模!　岩倉使節団

できたばかりの世界一周航海ルート

ロンドン
パリ
ニューヨーク
ワシントン
上海
横浜
香港
サンフランシスコ
シンガポール

目的：
各国元首を表敬訪問
不平等条約の解消

条約の改正は
失敗したが…

最年少満6歳
津田梅子ほか
留学生たち

大久保利通

木戸孝允

全権大使　岩倉具視

伊藤博文

国内充実が
最優先!!

使節団は
欧米の政治・産業・
社会に刺激を受ける

帰国組

朝鮮への
対応で対立

留守組

1871年
日清修好条規

対等

朝鮮の
開国・独立
が必要!

清

日本

朝鮮を
開国させる!
武力もやむなし!

西郷隆盛

板垣退助

北海道の開拓と琉球処分

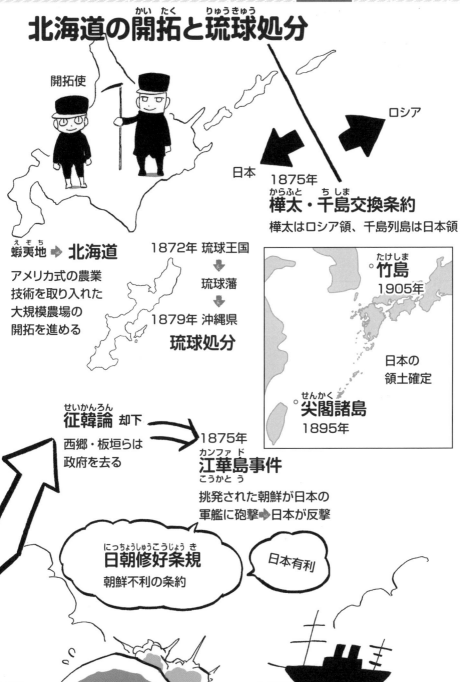

開拓使

ロシア

日本　1875年
樺太・千島交換条約
樺太はロシア領、千島列島は日本領

蝦夷地 ➡ **北海道**

アメリカ式の農業
技術を取り入れた
大規模農場の
開拓を進める

1872年　琉球王国
⬇
琉球藩
⬇
1879年　沖縄県
琉球処分

○竹島
1905年

日本の
領土確定

○尖閣諸島
1895年

征韓論 却下
西郷・板垣らは
政府を去る

➡1875年
江華島事件
こうかとう

挑発された朝鮮が日本の
軍艦に砲撃➡日本が反撃

日朝修好条規
朝鮮不利の条約

日本有利

テーマ 31 近代的な国際関係

　政府は廃藩置県を終えたあと、できたばかりの世界一周航海ルートを利用して、右大臣の**岩倉具視**を全権大使とする使節団を欧米に派遣する。

　この使節団は**大久保利通**、**木戸孝允**、**伊藤博文**など、政府の有力者の約半数に**津田梅子**など留学生たちを加えた大規模なものだった。しかし、**使節団のいちばんの目的だった不平等条約の改正は失敗に終わる**。日本はまだヨーロッパのように近代的な法律の制度が整っていないことなどを理由にアメリカが断ったからだ。その一方で、欧米の進んだ政治や産業、社会状況を実際に見ることで、**使節団は帰国後、日本の近代化を進める中心的存在になっていく**。

　政府はアジアの隣国とも新たな関係をつくろうとした。

● 清との間では、1871年、**日清修好条規**という対等条約を結んで正式に国交をスタートする。
● 朝鮮に対しては、**板垣退助**や**西郷隆盛**が朝鮮に出兵して武力で開国させるべきだという**征韓論**を主張。明治時代になって士族となり、特別な権利も仕事もなくなっていたもと武士たちの不満をそらすという考えもあった。しかし、帰国した岩倉具視に外国進出よりも国内を充実させることを優先することを進言された天皇は征韓論を却下。海外の近代化された国ぐにを目のあたりにしてきた帰国組と、海外の様子を実感していない西郷たち留守政府組との間の意識の差は大きかった。

　板垣と西郷は政府を去り、その後、西郷はもと武士たちと反乱を起こし、板垣は言論の自由をめざすことになる。1875年、朝鮮半島の江華島付近で日本の軍艦が砲撃を受け、朝鮮に反撃する江華島事件が起きる。この事件をきっかけにして、日本は1876年、日本に有利な不平等条約、**日朝修**

好条規を朝鮮に結ばせた。

　政府は蝦夷地を**北海道**と改め、開拓使を置き、アメリカ式の農業技術を取り入れて、大規模農場の開拓を進めた。1875年には、ロシアと樺太・千島交換条約を結び、ロシアに樺太の所有を認め、千島列島のすべてを日本領とすることで、両国の国境を確定させた。

　尖閣諸島は1895年、竹島は1905年に内閣によって日本の領土であることが確定する。

　琉球王国は1872年に琉球藩とし、1879年には琉球藩を廃止して**沖縄県**とする。これを琉球処分という。

〔征韓論　帰国組 vs. 留守組〕

勝ち　帰国組：国内充実を優先			
岩倉具視	大久保利通	木戸孝允	伊藤博文
負け　留守組：朝鮮に出兵して開国させることを主張			
板垣退助	西郷隆盛	（※出兵は反対、使節を送るように主張）	

つながりＰＯＩＮＴ

江戸時代、アメリカは日本に不利（領事裁判権を認め、関税自主権がない）な日米修好通商条約を結ばせる。明治時代、日本は朝鮮に不利（領事裁判権を認め、関税自主権がない）な日朝修好条規を結ばせる。

西南戦争と自由民権運動

1874年
みんせんぎ いんせつりつけんぱくしょ
民撰議院設立建白書を政府に出す

いたがきたいすけ
板垣退助

おおくぼとしみち
大久保利通

一部だが要求を
受け入れることを
約束しよう

1876年
士族の生活補償金を停止

1877年
西南戦争へ

鹿児島の
不平士族

さいごうたかもり
西郷隆盛

近代的な武器で
迎え撃つ政府軍

西郷軍
敗れる！

武力じゃ政府に勝てない
これからは言論だ！

不平士族たち　**自由民権運動**
が全国に広がる

西南戦争後、
政府への
反対運動は
武力から言論へ

立憲制国家の誕生

板垣、全国政治組織をつくる　立志社（りっししゃ）➡愛国社（あいこくしゃ）➡国会期成同盟

立憲政治の検討　➡　憲法にもとづく政治

急いで進めるべき！

ゆっくり進めるべきだ

板垣退助

大隈重信

伊藤博文

開拓使官有物払い下げ事件

追求する伊藤

関わったな！

ちがう！！
否定する大隈

開拓使長官
黒田清隆（くろだきよたか）

自由党を結成

大隈を政府から追放

ライバルたちがいなくなり、以後政治の実権を握る

1890年に国会を開くことを国民に約束

大隈は立憲改進党を結成

伊藤博文

1885年
内閣制度を創設
初代内閣総理大臣に

1889年
大日本帝国憲法（だいにっぽんていこくけんぽう）
天皇が国民に与える

国会
貴族院　衆議院

テーマ 32 立憲制国家の誕生

　1874年、板垣退助は大久保利通たちによる、自分たちだけで物事を決めて政治を進めることに反対して、国会を開くことを提案する**民撰議院設立建白書**を政府に差し出す。政府の大久保利通はこれを一度は無視するが、板垣が影響力を高めていくと、大久保は板垣の要求の一部を取り入れることを約束する。

　1876年、政府は士族への生活補償金(家禄)を停止したが、そのことによって政府に対する士族の反乱が各地で起きる。

　1877年、西郷隆盛は鹿児島の士族とともに**西南戦争**を起こすが、近代的な政府軍に敗れ、自害に追い込まれる。

　西南戦争後、政府への反対運動は武力から言論が中心になり、自由民権運動が全国に広がっていく。

　板垣がつくった立志社は**愛国社**となり、1880年には**国会期成同盟**に発展。政府内では、憲法にもとづく政治、**立憲政治**をおこなうことを検討し始めるが、国会開設に賛成派の大隈重信と反対派の伊藤博文の意見が対立する。

　そのようななか、開拓使長官の黒田清隆の**開拓使官有物払下げ事件**という政治汚職が明らかになり、国会開設派は政府を激しく攻撃。伊藤は、この事件には大隈がかかわっていると考え、大隈を政府から追放し、1890年に国会を開くことを（**国会開設の勅諭**）約束する。

　板垣退助は**自由党**という政党を結成、大隈重信は**立憲改進党**を結成。1885年、伊藤博文は**内閣制度**をつくって、初代内閣総理大臣（首相）になる。

　1889年には、天皇が国民に与えるというかたちで**大日本帝国憲法**が公布された。大日本帝国憲法は伊藤博文たちが、トップの政権が強いドイツ（プロシア）の憲法を手本にして作られた。天皇は議会の召集と解散、軍隊の指揮、戦争を始める宣戦など、絶大な権限を持つことが定められた。このように、国を動かす力、**主権が天皇にあるのが大日本帝国憲法の特徴**だ。憲法は、天皇が国民に与える形で、このような形を欽定憲法という。国民は法律の範囲内で自由が認められた。

　国会には**貴族院**と**衆議院**が置かれ、貴族院は天皇が任命した議員で構成され、衆議院議員は選挙によって選ばれた。ただし、選挙権は直接国税15円以上を納める満25歳以上の男子だけに与えられた。これは、全人口の1.1％にすぎなかった。

　翌年には**教育勅語**も出され、子供たちは天皇に忠義を尽くし、国を愛する精神を学ぶようになる。

つながりPOINT

江戸時代、武力で外国に勝てないことを思い知った薩摩藩や長州藩は、攘夷から天皇中心の国づくりを主張するように方向転換した。

明治時代、武力で政府に勝てないと思い知った人びとは、言論による反対運動に方向転換した。

条約の改正と朝鮮情勢、日清戦争

1886年 ノルマントン号事件

外国籍乗組員と
乗客は全員無事

日本人乗客は
全員溺死

外務大臣
陸奥宗光

船長以下乗組員は全員無罪➡領事裁判権への批判が高まる

1894年　領事裁判権の撤廃に成功

1894年の朝鮮では
日朝修好条規が原因で

物価上昇

反乱鎮圧のため
清も日本も出兵

日本

農民たちが武装して反乱

朝鮮出兵

甲午農民戦争が起こる
反乱は治まったが清も日本も
兵を引かず

清

日清戦争に発展
日本の勝利

1895年
下関条約締結

清は朝鮮の独立を認める➡朝鮮
➡大韓帝国

遼東半島、台湾、澎湖諸島を日本に譲る
2億両(当時の日本円で3億円ほど)を払う

三国干渉、日英同盟と日露戦争

1894年 **日清戦争**

朝鮮で日本と清が衝突

日本の勝利

下関条約で領土が増え多額の賠償金を手にする

三国干渉

ロシア

フランス

ドイツ

ロシアとドイツ、フランスともに遼東半島の返還をせまり、日本は受け入れる

陸奥宗光

賠償金たくさん！

イギリス

ロシア軍が進軍

日本軍の出兵

1904年 **日露戦争**
決着がつかず、アメリカの仲介で講和➡ポーツマス条約

義和団事件
清で民衆が外国人を襲う

1902年
日英同盟
ロシアをとめてくれ！

小村寿太郎

講和反対

国民の反発

賠償金を取れ！

日本の強さが世界に認められた

ポーツマス条約は賠償金なし ➡ 日比谷焼き打ち事件

- 137 -

テーマ 33 日清・日露戦争

1886年、日本人を乗せたイギリス船が沈没。船に乗っていた日本人は見捨てられて全員死亡するが、イギリス人の船長は無罪となった。この**ノルマントン号事件をきっかけに、領事裁判権（治外法権）への批判**が高まっていく。

1894年、**陸奥宗光外務大臣が領事裁判権の撤廃に成功**。

同年1894年、朝鮮では日朝修好条規によって物価が上がる。不満を強めた農民たちが東学という朝鮮の宗教の指導者のもとに集まって武装して反乱を起こし、**甲午農民戦争**に発展する。これをおさえるために、清が出兵すると日本も出兵して両国が衝突、**日清戦争**となる。

日本が勝利し、1895年、清との間に**下関条約**を結ぶ。清は朝鮮の独立を認め、遼東半島、台湾、澎湖諸島を日本にゆずり、2億両（当時の日本円で約3億1000万円）を支払うことが決められた。

清の敗北で、中国を中心とする東アジアの国際関係が崩れる。

朝鮮は清から独立し、1897年に大韓帝国となる。

清の力が弱くなったのを見て、中国東北部の満州への進出を狙うロシアが、フランス、ドイツとともに遼東半島を清に返すように日本にせまる**三国干渉**を、日本は受け入れる。その後、ロシアは遼東半島の旅順と大連を借り入れ、侵略の拠点とする。

　清では外国の侵略に反発し、民衆が外国人を襲って外国勢力を排除しようとする**義和団事件**が起こる。これにより、ロシア軍は満州を占領、さらに韓国にも進軍する。

　これに対し日本は1902年、イギリスと**日英同盟**を結び、1904年には**日露戦争**となる。結果、日本軍は有利に戦争を進めるも勝ち切れず、1905年、アメリカ大統領の仲介で、**ポーツマス条約**という終戦の条件を決める条約を結ぶ。この条約により、ロシアは韓国での日本の優越権をはじめとするいくつかの権利を日本にゆずった。しかし、**賠償金は得られなかったため**、不満が爆発した日本の人びとは**日比谷焼き打ち事件**という大規模な暴動に発展する。

　日本は韓国に統監府を置き、初代統監に伊藤博文を就任させるが、独立運動家の安重根（アンジュングン）に暗殺される。

　1910年に日本は韓国に進出して、韓国を日本の一部とする**韓国併合**をおこなう。

　清では1911年、民衆の革命運動、**辛亥革命**が起こり、孫文（スンウエン）が臨時大総統となって**中華民国**を建国。

　1911年、**領事裁判権の撤廃から17年後、小村寿太郎外務大臣が、関税自主権の回復に成功する。**

つながりPOINT

　日本の薩摩藩と長州藩、清の義和団。それぞれ、武力で外国勢に敗れて不利な立場に追い込まれる。一国のしかも、一部の勢力では、複数の国が協力した勢力には勝つことはできない。

日本の産業革命と社会運動、文化・自然

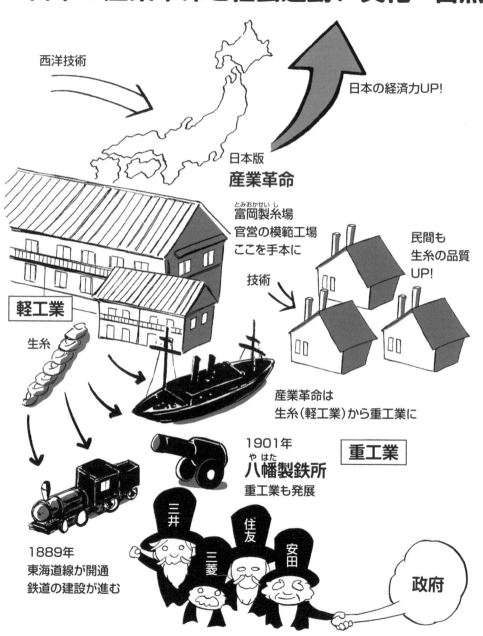

西洋技術

日本の経済力UP!

日本版 **産業革命**

富岡製糸場
官営の模範工場
ここを手本に

民間も
生糸の品質
UP!

技術

軽工業

生糸

産業革命は
生糸(軽工業)から重工業に

1901年
八幡製鉄所
重工業も発展

重工業

三井 三菱 住友 安田

政府

1889年
東海道線が開通
鉄道の建設が進む

資本家➡財閥と呼ばれる大グループへ

科学

工場労働者

もうダメ…

超ブラック企業!!

安い賃金で
死者が出る
長時間重労働

自分たちを
守るため
労働組合を作る!

1900年
治安警察法

社会運動を取り締まる
社会主義者12名が死刑
（大逆事件）

取り締まり

政府

工場法もつくられ

労働環境は少しだけマシに

明治時代の文化と然科学

14世紀イタリアのルネサンスのような

日本の伝統文化の
見直し

＋

西洋の技術を
取り入れた
絵画や彫刻

〈代表的な芸術・文学〉
岡倉天心・フェノロサ

（仏像などの日本美術を再評価）
夏目漱石『吾輩は猫である』
『坊ちゃん』
森鷗外『舞姫』『うたかたの記』

〈代表的な自然科学（医学）〉
野口英世（感染症の研究）
北里柴三郎（破傷風の療法発見）

岡倉天心

フェノロサ

近代文学

医学

夏目漱石

森鷗外

野口英世

北里柴三郎

テーマ 34 日本の産業革命

欧米諸国に遅れてはいたが、日本は貿易によって経済を急発展させ、**西洋技術を取り入れて産業革命が進んだ。**

　まず、民間の工場が富岡製糸場などの官営模範工場の技術を取り入れることで、生糸の品質が高まっていく。

　日露戦争後には、日本は世界最大の生糸の輸出国になる。農家の副業である綿糸も近代化が進む工場で大量生産され、中国に輸出するようになる。

　産業革命は生糸（蚕からできた糸）や綿糸（綿花からできた糸）などの繊維産業である軽工業から、鉄道や工場の機械、軍艦や大砲などの重工業に移っていく。日清戦争後の下関条約で手に入れたお金で八幡製鉄所を作る。これにより、軍艦や大砲を日本国内で作れるようになった。三井、三菱、住友、安田などの資本家は政府と手を結び、財閥に成長していく。

　工場に雇われた人びとの賃金は安く、多くの死者が出るほど長時間労働を強いられた。このような状況のなかで、労働者は**労働組合**をつくりはじめる。

　これに対し政府は1900年、**治安警察法**を定めて、社会運動の取り締まりをはじめる。

明治天皇を暗殺する計画を立てたという理由で、社会主義者12名を死刑にする大逆事件が起きる。政府はさらに運動への取り締まりを厳しくする。いっぽう、**工場法**がつくられ、労働条件は少しだけ改善された。

　明治時代の文化は、日本の伝統文化が見直されると同時に、絵画や彫刻に西洋の技法が取り入れられ、世界的な科学研究家があらわれたりする。**岡倉天心**はアメリカ人の**フェノロサ**とともに仏像などの日本美術を高く評価して、日本の伝統文化の復興に努める。近代文学では、話し言葉で書く文章、言文一致体が広がる。**夏目漱石**は『吾輩は猫である』や『坊ちゃん』、**森鷗外**は『舞姫』などの小説を書く。**野口英世**は感染症などの研究をし、北里柴三郎は破傷風菌とその治療法を発見する。

　明治時代の終わりには、学校に通う子供の割合が100パーセント近くになる。義務教育の小学校は４年から６年に延長される。
中学や高等学校、政府の帝国大学のほか、**福沢諭吉**の慶應義塾などの私立大学もつくられる。「少年よ、大志を抱け」の言葉でも有名なアメリカ人、クラーク博士が協力した札幌農学校もつくられる。

つながりPOINT

14世紀、イタリアで古代ギリシャ・ローマ時代の文化や芸術を復活させようとするルネサンスが始まる。日本でも明治時代、明治維新に否定された日本の伝統文化が、その後しだいにその価値を復活させようとする動きが出る。

第一次世界大戦とロシア革命

さんごくどうめい
三国同盟

ドイツ

オーストリア

イタリア

VS

さんごくきょうしょう
三国協商

ロシア

フランス

アメリカ

イギリス

にちえいどうめい
日英同盟

日本

戦争の途中で
イタリアは協商側へ

1914年
第一次世界大戦

新兵器が使われて
人類史上最大の
死者が出る

1915年
**二十一か条
の要求**

過酷な要求に
中国の民衆は反発

中国(中華民国)

テーマ 35 第一次世界大戦とロシア革命

19世紀から植民地を拡大させていった欧米の国ぐには、アフリカやアジアにも進出し、植民地の取り合いが激しくなる。

同盟関係のドイツ、オーストリアにイタリアが加わって**三国同盟**<ruby>三国同盟<rt>さんごくどうめい</rt></ruby>が結ばれる

三国同盟に対抗して、イギリス、フランス、ロシアは<ruby>三国協商<rt>さんごくきょうしょう</rt></ruby>を結んで戦争に備える。これには軍事力を高め始めたドイツを、すでに植民地を広げたイギリス、フランスが阻止するという動きが背景にある。

1914年、ボスニアのサラエボという都市で、オーストリアの皇太子夫妻がセルビア人に暗殺されるサラエボ事件をきっかけに、**三国同盟側の国ぐに（ドイツ、オーストリア、トルコ）と三国協商側である連合国（イギリス、フランス、ロシア、セルビア、イタリア、アメリカ、日本）の戦争**が始まる。

この**第一次世界大戦**に、日本は<ruby>日英同盟<rt>にちえいどうめい</rt></ruby>を理由にドイツの持っている中国の植民地を占領するために連合国側で参戦。さらに、1915年、ヨーロッパ諸国が戦争で中国支配に余裕がなくなったすきに、日本は中国にさまざまな権利を求める**二十一か条の要求**を出す。

　第一次世界大戦中、戦いに参加していたヨーロッパの国々には物を作る余裕はなかった。そのようななか、日本は各国に製品を輸出。「大戦景気」という好景気になり、急にお金持ちになった人たちが「成金」と呼ばれるようになる。その一方で、物の値段が上がり、農民や労働者たちの暮らしは苦しくなる。

　1917年、ロシアではレーニンの指導のもと**ロシア革命**が起き、**ソビエト政府が誕生**し、皇帝が処刑される。ソビエト政府は、地主の土地を没収して農民に分け与えることを発表。**社会主義にもとづく国家**をつくることを宣言して首都をモスクワに移す。

　この社会主義のソビエト政府誕生に対し、資本主義のイギリス、フランス、日本は協力して革命政府ソビエトを倒そうとシベリアに出兵する。その影響で、日本国内では米の買い占めや売りおしみをする者があらわれる。

　1918年、急に米の値段が上がる。そして富山の主婦が米の安売りを求めて米屋におしかける事件が発生。この事件が報道されると、全国各地で70万人以上の人びとが米屋を襲撃する米騒動に発展する。このことがきっかけで、内閣総理大臣の寺内正毅は、責任をとって辞めることになる。

つながりPOINT

植民地争いに乗り遅れたドイツ、オーストリア、イタリアが三国同盟を結び、植民地を早くに獲得したイギリス、フランスとロシアが三国協商を結ぶ。ロシア革命が進行してシベリア出兵となり、日本の米騒動につながる。

第一次世界大戦後の世界と国際連盟

第一次世界大戦

休戦

ドイツ

1919年
パリで講和会議 ◀ 戦争が終わると開かれる

ベルサイユ条約

無理!

ドイツはすべての植民地を失い、
多額の賠償金を払わされる

でも
不完全

常任理事国

イギリス

日本

1920年　世界平和を守るため
国際連盟発足

ドイツ

本部:
スイスのジュネーブ

フランス

1920年代後半に
ドイツ加盟

ロシア

アメリカ

加盟せず

新しい世界情勢とアジアの独立運動

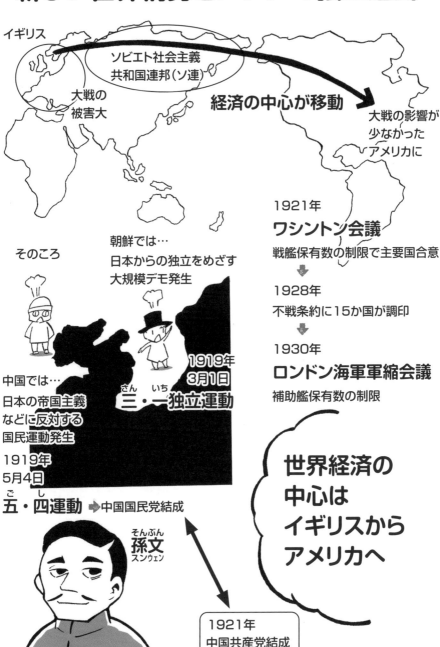

イギリス

ソビエト社会主義
共和国連邦（ソ連）

大戦の
被害大

経済の中心が移動

大戦の影響が
少なかった
アメリカに

1921年
ワシントン会議
戦艦保有数の制限で主要国合意

1928年
不戦条約に15か国が調印

1930年
ロンドン海軍軍縮会議
補助艦保有数の制限

朝鮮では…
日本からの独立をめざす
大規模デモ発生

そのころ

1919年
3月1日
三・一独立運動

中国では…
日本の帝国主義
などに反対する
国民運動発生
1919年
5月4日
五・四運動 ➡中国国民党結成

孫文
スンウェン

1921年
中国共産党結成

世界経済の
中心は
イギリスから
アメリカへ

テーマ36 第一次世界大戦後の世界

第一次世界大戦は約4年続く長期戦となった。ドイツが休戦したことで大戦が終結。1919年にパリで講和会議が開かれ、**ベルサイユ条約**が結ばれる。

　ドイツは領土の一部と植民地を失い、大金を支払わされることになる。その影響で経済が混乱し、追いつめられていく。

　1920年、世界平和を守るための**国際連盟**が発足する。スイスのジュネーブに本部が置かれて、イギリス、フランス、イタリア、日本が常任理事国に。ただし、アメリカとロシアは加盟せず、軍隊も持たず、**不完全な組織**となる。

　第一次世界大戦後、世界経済の中心は、大戦の被害が大きかったイギリスからアメリカに移る。日本も大戦の影響で景気が高まり、工業国へと発展していく。戦争に勝った日本は、アジア・太平洋地域にドイツが持っていた権利を引き継いで、世界から大国として見られるようになる。

　アメリカは、アジア・太平洋地域での日本の勢力拡大を抑えようと、1921年、**ワシントン会議**が開かれる。この会議で主要国は主力の戦艦などを持つことを制限することに賛成する。

　1920年代後半になると、ロシアが中心となって成立した**ソビエト社会主義共和国連邦（ソ連）**を各国が認め、ドイツも国際連盟に加盟するなど、ヨーロッパの国際関係が安定してくる。

　1928年には15か国が「戦争をしない」という不戦条約に調印し、1930年にはロンドン海軍軍縮会議が開かれ、日本、イギリス、アメリカはワシントン会議での主力艦制限に加え、補助艦の保有制限も受け入れる。

　一方、日本の植民地となった朝鮮では、1919年3月1日、日本からの独立をめざす民衆運動から大規模なデモに発展。**三・一独立運動**と呼ばれる。

　1919年5月4日、中国の北京で学生集会がおこなわれると、中国各地で日本を批判する集会やデモが起こり、**帝国主義に反対する国民運動に発展していく（五・四運動）**。この運動をきっかけに、孫文が中国国民党を結成し、1921年には中国共産党の結成につながる。

　インドでは、戦争に協力するかわりに自治を認めるという約束をイギリスが無視。そこで、「非暴力・不服従」をとなえる**ガンディー**の指導のもと、イギリスからの独立運動が高まっていく。

つながりPOINT

世界の中心は、大航海時代にはスペイン・ポルトガルからオランダ、産業革命によってイギリスへ、第一次世界大戦後にアメリカへと移っていく。

日本の政党政治の発展と大衆文化

議会なんて
無視だ

長州藩閥
かつら た ろう
桂太郎

内閣➡短期間で退陣

1912年
はんばつ
藩閥打倒!!
⬇
第一次護憲運動

政治学者
よし の さくぞう
吉野作造

普通選挙によって、
国民の意見を尊重した
政治をおこなうべきだ
＝
みんぽんしゅ ぎ
民本主義

法学者
み の べ たつきち
美濃部達吉

天皇は国家の最高機関、
憲法に従って統治するものだ
＝
てんのう き かんせつ
天皇機関説

ひらつか
平塚
ちょう
らいてう

国民が主体となって政治を動かす
民主主義を求める大正時代の運動➡ 大正デモクラシー
（民主主義）

第一次世界大戦が終わって
不景気になると…
⬇
労働者たちは全国規模の労
働組合をつくって労働争議
を起こす
農村では小作人が小作争議
を起こす

女子選挙権獲得を
めざす女性解放運動
1911年 青鞜社
せいとうしゃ
（文学団体）を結成

1923年9月1日
かんとうだいしんさい
関東大震災

1918年　原敬内閣で軍部、外務大臣以外の
　　　　大臣がすべて立憲政友会党員に

　↓

はじめての本格的な政党内閣が成立

りっけんせいゆうかい　はらたかし
立憲政友会　原敬

はじめての
華族・軍人出身ではない首相
はじめての
政党内閣

1924年　政党勢力は
第二次護憲運動
を起こす

　↓

憲政会党首の加藤高明を総理大臣
とする連立内閣が成立➡政党政治時代の
　　　　　　　　　　　スタート

けんせいかい　か とうたかあき
憲政会　加藤高明

1925年
25歳以上の男子全員に選挙権を
与える

➡普通選挙法の成立
➡民衆の社会運動を取り締まる
　治安維持法の制定

大正文化＝大衆文化

教育の普及と
出版の隆盛

レコード・
映画

あくたがわりゅう の すけ
芥川龍之介
『羅生門』『鼻』

KING

小説・
児童文学

- 153 -

テーマ 37 政党政治の発展と大衆文化

　　日露戦争の前後から日本では、薩摩藩や長州藩の出身者で政府の要職が占められている藩閥と、政党を基盤とした内閣が、交互に政権を担当してきた。そのようななか、1912年、長州藩閥の桂太郎が議会を無視すると、藩閥を打倒しようとする運動、**第一次護憲運動**が起こり、桂内閣は短期間で退陣する。

●政治学者の**吉野作造**は「普通選挙によって国民の意見を尊重した政治をおこなうべきだ」という民本主義を主張。

●憲法学者の美濃部達吉は、「主権は国家にあって、天皇は国家の最高機関として、憲法に従って統治するものだ」という天皇機関説を主張する。

このように、国民が主体となって政治を動かす民主主義を求める大正時代の運動を**大正デモクラシー**という。

　　1911年、**平塚らいてう**は男性から差別を受けていた女性の立場を平等にすることを目的に、青鞜社を結成した。1922年、部落差別に苦しむ人たちは団結して、差別からの解放を求める**全国水平社**を結成。

　　第一次世界大戦後に日本が不景気になると、労働者たちは全国規模の労働組合をつくって労働争議を起こし、農村では小作人が地主に払う小作料の引き下げを要求する小作争議が頻繁に起こるようになる。

　　立憲政友会の党首、原敬が首相になると、軍部、外務大臣以外の大臣がすべて立憲政友会党員で組織された、**はじめて本格的な政党内閣**が成立する。

1923年9月1日には、日本災害史上最大級の関東大震災（かんとうだいしんさい）が発生する。東京、横浜を中心に大規模火災が発生し、これらの地域は壊滅状態に。死者、行方不明者は10万人以上になる。この震災により、悪くなっていた景気がさらに悪化する。

1924年、政党勢力は第二次護憲運動を起こし、憲政会党首の加藤高明（かとうたかあき）を総理大臣とする連立内閣が成立。1925年、**加藤内閣は25歳以上の男性すべてに選挙権を与える普通選挙法**を成立させる。一方、**治安維持法**（ちあんいじほう）も制定され、普通選挙施行で盛り上がる民衆の社会運動を厳しく取り締まっていく。

大正時代は、明治時代以上に都市が発達していく。ガス、水道、電気が使える家が多くなり、ヨーロッパ風の生活が広まる。

スーツ姿の男性が増え、女学生の制服に洋服が採用されたことなどもあり、女性の間にも洋服が広まった。

一般的な家庭の食事も、それまでの和食だけでなく、パン、コロッケ、ライスカレー、オムレツ、シチューなどの洋食が広がった。

大正の文化は**大衆文化**が特徴。大衆雑誌の「**キング**」や児童文学雑誌の「**赤い鳥**」なども創刊される。レコードも広がり、歌謡曲が流行、1925年にはラジオも登場する。文学は、芥川龍之介（あくたがわりゅうのすけ）や小林多喜二（こばやしたきじ）、志賀直哉（なおや）や谷崎潤一郎（たにざきじゅんいちろう）など、近代文学を代表する有名な作家があらわれる。

つながりPOINT

明治時代、国会の開設、憲法の制定をめざしたのが自由民権運動。

大正時代、憲法を守るため藩閥政治から政党政治をめざしたのが護憲運動。

世界恐慌と全体主義、ファシズム

1929年
アメリカのニューヨーク証券市場で株価が大暴落!

銀行や工場がつぎつぎに倒産
➡大勢の失業者たちが街にあふれる

世界経済の中心 アメリカ

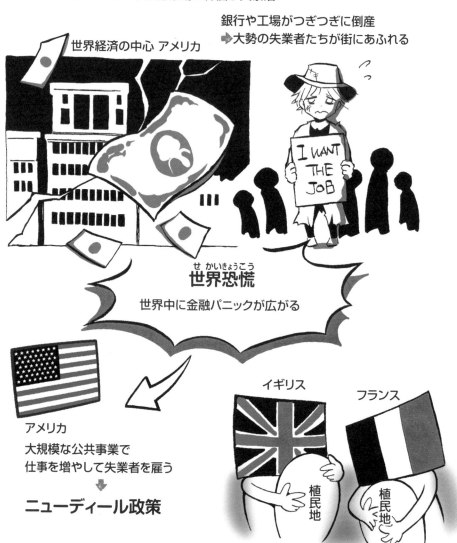

せ かいきょうこう
世界恐慌

世界中に金融パニックが広がる

アメリカ

大規模な公共事業で
仕事を増やして失業者を雇う
⬇
ニューディール政策

イギリス フランス

植民地 植民地

自国と自国の植民地だけの関係で
経済を守ろうとする➡ **ブロック経済**

植民地争いに出遅れて貧しくなった国が軍事力に全振りの政治へ

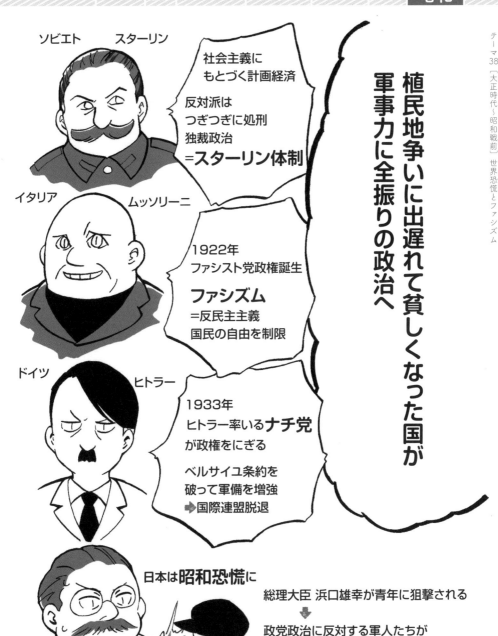

ソビエト　スターリン

社会主義に
もとづく計画経済

反対派は
つぎつぎに処刑
独裁政治
=スターリン体制

イタリア　ムッソリーニ

1922年
ファシスト党政権誕生

ファシズム

=反民主主義
国民の自由を制限

ドイツ　ヒトラー

1933年
ヒトラー率いる**ナチ党**
が政権をにぎる

ベルサイユ条約を
破って軍備を増強
➡国際連盟脱退

日本は昭和恐慌に

総理大臣 浜口雄幸が青年に狙撃される
⬇
政党政治に反対する軍人たちが
影響力を増す
⬇
民衆も政党政治への期待を失っていく

総理大臣 浜口雄幸（はまぐちおさち）

テーマ 38　世界恐慌とファシズム

　1929年、**アメリカのニューヨーク株式市場の株価が大暴落**する。アメリカの銀行や工場が次々に倒産し、農作物の価格も暴落した。大勢の失業者たちが街中にあふれる。

　アメリカは第一次世界大戦後、世界経済の中心で多くの国と経済関係を持っていたので、**世界中に金融パニックが広がる**。これを**世界恐慌**という。

　この恐慌に対し、

- アメリカは大規模な公共事業をおこして仕事を増やし、失業者を雇う**ニューデール政策**をとる。
- 植民地の多いイギリスやフランスは、自国と植民地の関係だけで経済を成り立たせようという**ブロック経済**をおこなう。
- ソビエトは社会主義にもとづく計画経済を実施し、反対派を次々に処刑したり収容所に送ったりする独裁政治、**スターリン体制**をとる。そして、「五か年計画」という社会主義国ならではの計画的な経済によって、アメリカなど資本主義の国の影響を受けず、国の力を高めていく。

　日本は、第一次世界大戦後の不況、関東大震災によって経済力が低下していた。そこに世界恐慌が起こり、昭和恐慌という大不況となる。第一次世界大戦の終わりは恐慌の始まりだった。日本の都市では多くの会社が倒産し、大勢の人が仕事を失う。

　1922年、イタリアは反民主主義をかかげ、国民の自由を制限し、国民全員を国の軍事力を高めるために尽くさせるという**ファシズム**の思想を持つ政党、**ファシスト党**が政権をにぎる。

　ファシスト党はムッソリーニに率いられ、国民の不満を外国への侵略という方向へと導く。イタリアはエチオピアに侵略して領土を広げ、軍事力を高めていく。

　ベルサイユ条約に苦しめられ、追いつめられていたドイツでは1933年、ヒトラーの率いる**ナチ党**（国民社会主義ドイツ労働者党）が政権をにぎる。ヒトラーはベルサイユ条約を破って軍隊を強化し、国際連盟から脱退する。そして個人の自由を奪い、数百万人のユダヤ人などを殺害し、国民を管理していく。

　日本では**総理大臣の浜口雄幸（はまぐち おさち）が青年に狙撃され、政党政治に反対する軍人たちが影響力を持つようになる。**民衆の間でも、**政党内閣が不況に苦しむ民衆の生活を改善してくれないことに不満が高まっていく。**

　さらに、政党間の激しい対立やたびかさなる汚職事件で、**民衆は政党への期待を失っていく。**

つながりPOINT

世界恐慌の発生源のアメリカは、日本の最大の生糸の輸出先。アメリカが不況になれば日本も不況となる。世界恐慌から昭和恐慌へ。

満州事変と軍部の台頭、五・一五事件

1927年

中華民国
蔣介石
チャンチエシー

南京を首都とする国民政府を
打ち立てる
→
中国を統一！
外国にとられた土地を取り返そう
と動き出す

1931年
日本の関東軍、南満州鉄道
を爆破 → 柳条湖事件
↓
中国側のしわざとして、
満州を占領

ラストエンペラー
溥儀

1932年
日本軍が強引に満洲国の建国を宣言
清朝最後の皇帝 溥儀を元首に
↑
政府は反対

1932年5月15日
五・一五事件

満州問題を中国との話し合いで
解決しようとしていた犬養を
日本海軍の青年将校らが暗殺

犬養内閣総辞職 → 満洲国を承認
満洲国は国際連盟に認められず
→ 日本は国際連盟から脱退

待て！
話せばわかる！

問答無用！

総理大臣 犬養毅

二・二六事件と日中戦争、戦時体制

陸軍の軍人たちが
政府の高官たちを
暗殺

1936年2月26日
二・二六事件

軍の力がさらに強まり、
天皇を絶対的な存在とする国家主義も
強まっていく

1937年
北京郊外の盧溝橋で銃撃戦　**盧溝橋事件**

大蔵大臣
たかはしこれきよ
高橋是清

日本と中国の全面戦争
日中戦争に

**日本は
戦争するための
国へと変化していく**

1938年
国家総動員法を制定。
戦争に必要な物資や労働力を議会の承認なしに戦争のために使えるようになる

1940年
すべての政党を**大政翼賛会**（天皇のなさる政治に賛成する会という意味）にまとめる
労働組合は大日本産業報国会（戦争につくすための団体）に
➡**戦争をするための国　戦時体制へ**

日中戦争

　孫文のあとを引きついだ**蔣介石**は中国国民党を率いて勢力を広げ、1927年に南京を首都とする**国民政府**を打ち立てる。国民政府は中国の統一を進め、南満州鉄道や遼東半島など、日本などの列強に貸し与えていた土地を取り返そうと動き出す。

　このような中国の動きに対して、日本の関東軍は1931年、南満州鉄道の道路を爆破する。この南満州鉄道爆破事件(柳条湖事件)を中国軍のしわざだとして満州を占領。1932年、清朝最後の皇帝を元首とした**満州国**をつくる。これを満州事変といい、ここから1945年までの15年間、日本は中国と戦争を続けることになる。

　1932年5月15日、総理大臣の犬養毅が海軍のグループによって暗殺される**五・一五事件**が起こる。この事件によって犬養内閣は総辞職する。この事件以降、太平洋戦争が終わるまで、政党内閣は成立せず、軍の影響が強い内閣になる。

　国際連盟はリットン調査団を中国に派遣し、満州国を独立国家とは認めないという報告書をまとめた。これに納得できない日本は国際連盟から脱退。同じく国際連盟を脱退したドイツと日本は、日独防共協定を結ぶ。

　1936年、2月26日には、陸軍の軍人たちが政府の高官たちを暗殺するという**二・二六事件**が起こって、軍部の力がさらに強まり、天皇を絶対的な存在とする**国家主義**も強まっていく。

　満州国を支配した日本の軍は、1937年、北京郊外の盧溝橋（ろこうきょう）（ルーコウチアオ）で中国の軍と銃撃戦になる。これがきっかけとなり**日中戦争**に発展する。日中戦争が長引くにつれて総力戦となり、日本政府は軍部の考えのもと、国民が一丸となって戦争に協力する体制づくりを進めていく。1938年には**国家総動員法**という、戦争に必要な物資や労働力、国民生活のすべてを議会の承認なしに戦争のために使えるという法律が制定される。

　1940年には、「すべての政党は天皇に賛成する」という意味の**大政翼賛会**（たいせいよくさんかい）という団体が結成される。「挙国一致」（きょこくいっち）といって国をひとつにまとめる体制をつくるため、日本もドイツのナチスのように強力なひとつの政党にまとめようとしたわけだ。労働組合も解散され、**大日本産業報国会**という、戦争に協力するための労働者の組織となる。こうして、日本は戦争するための国へと変化していく。

つながりPOINT

> 五・一五事件と二・二六事件を経て、軍部の力がしだいに強まり、盧溝橋での衝突から日中戦争が始まる。国家総動員法が定められ、政党は大政翼賛会となって日本は戦争に突き進んでいく。

第二次世界大戦

1938年
ドイツがオーストリアやチェコスロバキアの一部を譲らせる

ドイツ　　　　ソ連

1939年
独ソ不可侵条約
ドイツとソ連が互いに
攻め込まないという
約束を結ぶ

イギリス

フランス

ポーランド
を攻撃

イギリスとフランスが
ドイツに宣戦

1940年　　　　フランスが
　　　　　　　ドイツに降伏

アメリカの参戦で
連合国有利に
戦線を広げすぎた
日本は原爆を
落とされて降伏

1941年
不可侵条約を破ってドイツがソ連を攻撃
日本とソ連、日ソ中立条約を結ぶ

ドイツ

ソ連

日本軍がフランス領インドシナを占領

大東亜共栄圏

1940年
にちどくい さんごく
日独伊三国同盟
↓
枢軸国

イタリア

日本

陸軍大将➡首相
とうじょうひでき
東条英機

1941年12月8日
しんじゅわん
ハワイの真珠湾攻撃

イギリス領マレー半島に侵攻

アジア太平洋戦争

に突入!

1943年9月
イタリア降伏
1945年5月
ドイツ降伏

イタリア

ドイツ

日本

1945年　8月8日 ソ連が日ソ中立条約を
　　　　破って満州に侵攻
　　8月6日 広島　8月9日 長崎に
アメリカが原子爆弾投下
└1945年8月15日
　　　　日本無条件降伏発表

- 165 -

テーマ 40

第二次世界大戦

　1938年、ドイツはオーストリアとチェコスロバキアの一部を併合。1939年にソ連と**独ソ不可侵条約**という、お互いに攻め込まないという条約を結んでポーランドに進撃。これに対し、**イギリスとフランスがドイツに宣戦布告。ここから第二次世界大戦が始まる。**

　1940年、ドイツはフランスを降伏させてイギリスを爆撃。1941年、独ソ不可侵条約を破ってソ連に攻め入る。ドイツに支配されたヨーロッパの人たちは**レジスタンス**という抵抗運動をおこなう。
　ドイツがヨーロッパをほぼ占領すると、日本はイタリアを加えた軍事同盟、**日独伊三国同盟**を結ぶ。この３国は**枢軸国**と呼ばれる。

　1941年、日本はソ連との間に**日ソ中立条約**を結んで、お互いの国を攻撃しないことを約束する。「欧米の植民地となっているアジア諸国を解放し、アジアの諸民族で栄えよう」という意味の**大東亜共栄圏**のスローガンのもと、フランス領インドシナを占領する。
　陸軍大将の**東条英機**が首相になると、1941年12月8日、日本陸軍はイギリス領マレー半島へ侵攻。海軍はハワイの真珠湾を攻撃してアメリカの軍艦を炎上させる。こうして第二次世界大戦における**アジア太平洋戦争（太平洋戦争）**が始まる。

　アメリカが参戦すると、ヨーロッパの戦いは連合国側が一気に優勢になる。1943年、ソ連はドイツ軍を撃退しはじめ、連合国軍はイタリアを降伏させる。ドイツは1945年にヒトラーが自殺すると無条件降伏をする。1942年6月、ミッドウェー海戦で日本が負けると、1943年には文科系の大学生などの学生を軍隊に召集する学徒出陣がおこなわれる。

　　1944年、アメリカの爆撃により、日本の100近い都市が焼け野原になる。さらに1945年3月10日、東京大空襲では10万人以上もの人が亡くなる。1945年8月6日に**広島**、9日に**長崎**に**原子爆弾（原爆）**が投下される。この原子爆弾によって、広島は20万人以上、長崎は14万人以上もの人が亡くなる。

　　ソ連は日ソ中立条約を無視して日本に宣戦布告して、日本の占領地に侵攻する。**8月14日、日本はポツダム宣言を受け入れ無条件降伏する。**そして翌日の15日に昭和天皇がラジオ放送で国民に敗戦を発表する。
　　こうして第二次世界大戦は終わり、**日本が占領した東南アジア諸国や朝鮮、台湾などの植民地は解放された。**

〔近代の戦争〕

1894年	日清戦争	日本の勝ち
1904年	日露戦争	日本の勝ち
1937年	日中戦争	勝負つかず
1945年	（第二次世界大戦） 太平洋戦争	日本の負け

つながりPOINT

植民地争いに乗り遅れたドイツ、イタリア、日本が同盟を結び、植民地争いに先行したイギリス、フランス、アメリカに第二次世界大戦で敗戦。

アメリカの占領と民主化政策

日本はアメリカ軍を中心とした
連合国軍に占領される

日本政府の上に
連合国軍総司令部（GHQ）

最高司令官はアメリカ軍人
マッカーサー

日本の戦争を指導した7名
きょくとうこくさいぐんじさいばん
極東国際軍事裁判

にかけられ絞首刑に

昭和天皇の
人間宣言

選挙権の拡大

性別にかかわらず、
20歳以上のすべての人に選挙権

独占ダメ

三井　三菱　住友

ざいばつかいたい
財閥解体

労働組合法

団結権、
団体交渉権などが
認められる

労働基準法

8時間労働制なども実現

農地改革と日本国憲法

農地改革

農地を国が買い取って、土地がない
小作農に安く売り渡す

日本を二度と戦争をしない国にするための国家体制づくりが進む

1946年11月3日公布

日本国憲法
1947年5月3日から施行

国民主権

基本的人権の尊重

平和主義

戦争の放棄

選挙法改正

性別にかかわらず満20歳以上
のすべての人に選挙権
（2015年から満18歳以上）

1947年

教育基本法制定

教育の民主化

天皇は
日本国、
日本国民統合
の象徴に

テーマ 41 占領と日本の民主化

　マッカーサーを最高司令官とする**連合国軍総司令部（GHQ）**が東京に設置され、**日本はアメリカに占領される**こととなる。GHQは日本に対し「非軍事化と民主化」を指示する。

- 軍隊や軍国主義の団体は解散。
- 戦争を指導した責任者たちは**極東国際軍事裁判（東京裁判）**にかけられ、東条英機ら７名が絞首刑。
- 神の子孫とされてきた昭和天皇は**人間宣言**をする。
- 治安維持法は廃止。
- 選挙法は改正され、はじめて女性に参政権が認められ、性別にかかわらず20歳以上の人びとはすべて選挙権を得る。
- 日本の経済を支配して戦争に深く関係していた三井・三菱・住友などの財閥は解体。利益の独占を防ぐために**独占禁止法**が制定される。
- 労働組合法が制定され、労働者の団結権や団体で交渉する権利などが認められる。
- 労働基準法が定められ、８時間労働制や、男女に同じ賃金を払う制度などが決められる。
- 地主制は廃止され**農地改革**がおこなわれる。財閥に資金を提供していた地主はある一定の面積以上の農地を持つことが禁止され、基準以上の農地は国が買い取って、農地を持たない小作農に安く売り渡された。これにより自分の農地を持つことができた農家は生産意欲が高まり、農業生産が向上する。

　1946年11月3日に**大日本帝国憲法から大きく民主的になった日本国憲法**が公布され、半年後の1947年5月3日から施行される。日本国憲法は、**国民主権**、**基本的人権の尊重**、**平和主義**が3原則で、**天皇は日本という国、日本国民統合の象徴**として位置づけられた。**憲法9条**には**戦争の放棄**が定められた。

　1947年には**教育基本法**が制定され、軍国主義から民主主義を守る教育へと変わる。**一人ひとりを大切にし、平和で民主的な社会をつくれる人間**を育てることがめざされる。

〔農地改革による変化〕

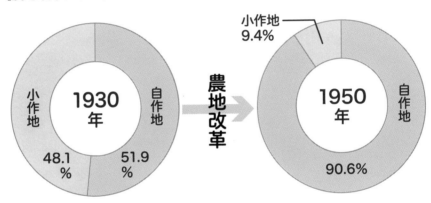

小作地
9.4%

1930
年

自作地

小作地

48.1
%

51.9
%

農地改革

1950
年

自作地

90.6%

自作地…自分で農地を持つ農民の土地
小作地…自分で農地を持たない農民の土地

つながりPOINT

戦前は軍国主義のもと、戦争のための国家体制づくりが進められた。
戦後は民主主義のもと、平和のための国家体制づくりが進められた。

2つに分かれる世界と主権回復

1945年
こくさいれんごう
国際連合

アメリカのニューヨークに設立

安全保障理事会 常任理事国

アメリカ　　　ソ連　　イギリス　　フランス　　中国

冷戦

アメリカ合衆国　　西側諸国　　東側諸国　　ソビエト連邦

軍事同盟
きたたいせいようじょうやく き こう　　ナトー
北大西洋条約機構（NATO）
を結ぶ
1949年

軍事同盟
ワルシャワ条約機構
を結ぶ
1950年

テーマ42 【昭和戦後～平成時代】 2つにわかれる世界

朝鮮戦争

1950年
9月

朝鮮民主主義
人民共和国

38°

大韓民国

1950年
11月

1953年7月
休戦協定
（軍事境界線）

日本は特需景気に

マッカーサー

日本の非軍事
から一転
警察予備隊
発足

東西対立
の影響で

1951年
サンフランシスコ平和条約
日米安全保障条約

1952年 主権回復

警察予備隊 ➡ 保安隊 ➡ 自衛隊

テーマ 42　２つにわかれる世界

　1945年、51の国が参加して**国際連合（国連）**が設立された。国際連合の本部はニューヨークにあり、アメリカ・ソ連・イギリス・フランス・中国の５大国が**安全保障理事会**の**常任理事国**になる。

　1949年、アメリカはカナダや西ヨーロッパ諸国との間に**北大西洋条約機構（NATO）**を、ソ連は1955年に東ヨーロッパ諸国で**ワルシャワ条約機構**という軍事同盟をつくって対立する。この対立を「**冷たい戦争**」「**冷戦**」という。

　朝鮮は南をアメリカが、北をソ連が占領し、1948年、南に**大韓民国（韓国）**、北に**朝鮮民主主義人民共和国（北朝鮮）**が成立。

　中国は共産党が国民党を破り、1949年、毛沢東が北京で**中華人民共和国**の建国を宣言。敗れた中国国民党は台湾に逃れる。

冷戦により、GHQの日本占領政策は転換する。

　GHQは社会主義運動などを制限するため、**警察予備隊**をつくらせて治安維持を強化。

　1950年、韓国と北朝鮮の間で**朝鮮戦争**が始まり、アメリカを中心とする国連軍は韓国を支援。このころ、アメリカ軍が必要とする軍需物資の生産を引き受けたことで、日本は朝鮮特需と呼ばれる好景気になった。このようにして日本は冷戦体制に組み込まれていく。

　1951年のサンフランシスコ講和会議で日本は**サンフランシスコ平和条約**に調印。日本は占領から解放され、翌年独立国として主権を回復、国際社会に復帰する。同時に、**日米安全保障条約**を結び、アメリカが日本の基地を使うことが認められる。さらにGHQの指示で設置された警察予備隊は保安隊に、1954年には**自衛隊**となる。

テーマ42〔昭和戦後〜平成時代〕2つにわかれる世界

1955年、憲法改正や防衛力の強化をスローガンとする**自由民主党**（自民党）が結成。この後、与党は自由民主党、主要な野党は**日本社会党**という体制が続き、1955年から始まることから**55年体制**という。

1954年のアメリカの水爆実験により、日本の漁船が被ばくする**第五福竜丸事件**をきっかけに、1955年、第1回**原水爆禁止世界大会**が開かれる。

1960年、アメリカと「日本、アメリカのどちらかが攻撃されたとき、日本にいるアメリカ軍と自衛隊が共同して行動する」という**日米新安全保障条約**が結ばれる。

〔国際連盟と国際連合の比較〕

	国際連盟	国際連合
設立年	1920年	1945年
本部	ジュネーブ（スイス）	ニューヨーク（アメリカ）
常任理事国（設立時）	イギリス、フランス、日本、イタリア（アメリカは不参加、ドイツ、ソ連は加盟が遅れる）	アメリカ、イギリス、フランス、ソ連、中国
評決方法	全会一致制	多数決制（安全保障理事会では常任理事国が拒否権を持つ）
制裁措置	経済制裁	経済制裁と国連軍による武力制裁

つながりPOINT

応仁の乱、関ヶ原の戦いは「東軍」と「西軍」の争い。
第二次世界大戦は「日独伊三国同盟の枢軸国」と「連合国」の争い。
冷戦は「北大西洋条約機構（NATO）」と「ワルシャワ条約機構」の争い。

冷戦下の世界と日本の経済成長

1961年 東西ドイツの間に
ベルリンの壁が築かれる

西ドイツ
アメリカが支援

東ドイツ
ソ連が支援

西ベルリン

東ベルリン

ベルリン

西ベルリンは東ドイツに囲まれた西側陣営の飛び地だった。

アメリカ

キューバ

キューバに基地をおけばアメリカ全土をいつでも攻撃できる

1962年
キューバ危機
あやうく核戦争に

北ベトナム
ソ連・中国が支援

ラオス王国

タイ王国

カンボジア共和国

南ベトナム
アメリカが支援

1965年
ベトナム戦争激化

中国

毛沢東
マオツォトン

1966年
文化大革命

資本主義的だとされた人びとが
大勢殺害・逮捕される

1972年
日中共同声明

1978年
日中平和友好条約

韓国 1965年
日韓基本条約

日本

東京の過密化
地方の過疎化

1972年
沖縄返還

工場の自動化

公害発生

↓

公害対策基本法制定
環境庁設置

火力発電所
燃料は石炭から
石油へ

1955～1973年
高度経済成長

各種産業が発達して経済力UP

1964年 **オリンピック・パラリンピック
東京大会**

冷戦のもと、ドイツとベトナムでは国内が
二分された。日本は経済力UPして国際化

テーマ 43　冷戦下の世界と日本の経済成長

　ドイツでは、アメリカなどに占領された資本主義の西ドイツと、ソ連に占領された共産主義の東ドイツに国土が2分された。

　東ドイツは1961年**ベルリンの壁**を築く。1962年にはソ連がキューバに軍事基地を建設し、ミサイルを持ち込もうとしたためアメリカが激しく反発、**キューバ危機**が起こる。ソ連がミサイル撤去を発表し、ソ連とアメリカの衝突は回避される。

　ベトナムでは1965年、アメリカが支援する南ベトナムと、ソ連と中国が支援する北ベトナム、南ベトナム解放民族戦線との**ベトナム戦争**が激しくなる。戦争は長期化し、1973年、アメリカはベトナムから撤退する。

　中国では1966年、**毛沢東**（もうたくとう／マオツォトン）により、**文化大革命**（ぶんかだいかくめい）が始まり、資本主義的だとされた人びとが大勢殺害、逮捕された。

　日本は**技術革新**によって工場は自動化され、エネルギー革命によって火力発電の燃料も石炭から石油に変わる。1964年には**オリンピック・パラリンピック東京大会**が開かれ、東海道新幹線が開通し、高速道路などの整備も進む。家庭に白黒テレビや洗濯機、冷蔵庫などの電化製品が広がり始めるのもこのころで、**高度経済成長**と呼ばれるようになる。

　都市では人口が増えて**過密化**（かみつか）し、農村では**過疎化**（かそか）が進む。工業発展を優先しすぎて各地に**公害**と自然破壊が進み、水俣病（みなまた）、四日市ぜんそく、イタイイタイ病などの**公害病**が多発。政府は**公害対策基本法**の制定や**環境庁**を設置し、公害と環境問題の対策を始める。

　1973年、アラブの原油産出国が、原油輸出を減らして価格を上げ、世界各国は**石油危機**（オイルショック）と呼ばれる大打撃を受ける。1955

年から続いた高度経済成長は、石油危機によって終わる。

　1975年には**主要先進国首脳会議（サミット）**が開かれ、以後毎年おこなわれる。サンフランシスコ平和条約でアメリカの統治下におかれた沖縄では、**祖国復帰運動**がおこり、佐藤栄作首相はアメリカと交渉。1972年、沖縄の日本への返還が実現する。**中華人民共和国**と**日中国交正常化**の**日中共同声明**も発表し、1978年、**日中平和友好条約**が調印され、翌年にはアメリカと中国との国交が開かれる。

[電化製品の普及]

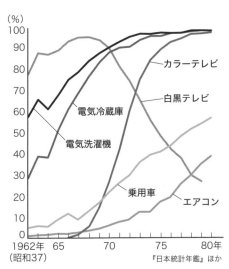

(%)
100
90
80
70
60
50
40
30
20
10
0

カラーテレビ
白黒テレビ
電気冷蔵庫
電気洗濯機
乗用車
エアコン

1962年　65　　　70　　　75　　　80年
（昭和37）　　　　　『日本統計年鑑』ほか

電気洗濯機、電気冷蔵庫、白黒テレビは「三種の神器」と呼ばれ、1955〜64年ごろに大きく普及した。1965〜74年ごろには、カラーテレビ、エアコン、乗用車が「新三種の神器」と呼ばれた。

つながりPOINT

資本主義のアメリカは韓国、西ドイツ、南ベトナムを支援し、共産主義のソ連は、北朝鮮、東ドイツ、北ベトナムを支援して対抗する。

冷戦の終わりと現代の日本

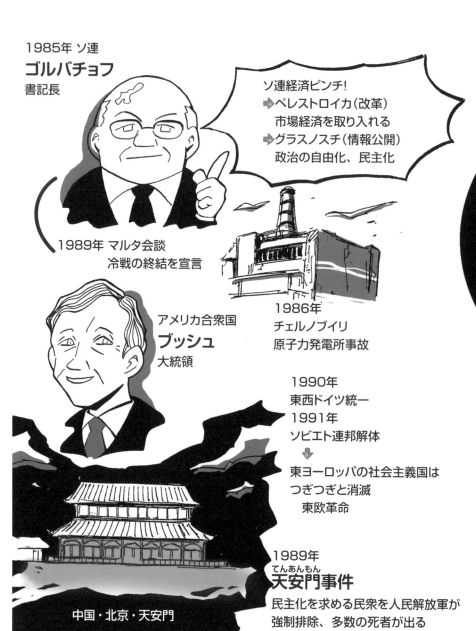

1985年 ソ連
ゴルバチョフ
書記長

ソ連経済ピンチ!
➡ ペレストロイカ（改革）
　市場経済を取り入れる
➡ グラスノスチ（情報公開）
　政治の自由化、民主化

1989年 マルタ会談
　　冷戦の終結を宣言

アメリカ合衆国
ブッシュ
大統領

1986年
チェルノブイリ
原子力発電所事故

1990年
東西ドイツ統一
1991年
ソビエト連邦解体
⬇
東ヨーロッパの社会主義国は
つぎつぎと消滅
　　東欧革命

1989年
天安門事件
民主化を求める民衆を人民解放軍が
強制排除、多数の死者が出る

中国・北京・天安門

1967年 ヨーロッパ共同体
　　　　（EC）
　　↓
1993年 ヨーロッパ連合
　　　　（EU）

1989年
アジア太平洋経済協力会議
（APEC）発足

1980年代後半の日本経済
バブル経済
（急な好景気）
1991年あたりから平成不況に

1991年
わんがん
湾岸戦争
アメリカ軍を中心とした多国籍軍が
クウェートに侵攻したイラク軍を撃退

日本は
国連平和維持活動（PKO）等協力法成立

自衛隊の海外派遣可能に

テーマ 44　冷戦の終わりと現代の日本

1985年、ソ連のゴルバチョフ書記長は、市場経済を取り入れるなどの**ペレストロイカ**（改革）をおこなう。チェルノブイリでの世界最大の原子力発電所事故をきっかけに、**グラスノスチ**（情報公開）をして、民主化を進める。

1989年、アメリカのブッシュ大統領とソ連のゴルバチョフ書記長が会談し、**冷戦の終結**を宣言。東ドイツと西ドイツが統一される。

1989年から東ヨーロッパの社会主義国はつぎつぎと消滅（**東欧革命**）。1991年にはソ連が解体される。

中国では1970年代末から、鄧小平が**四つの近代化**（農業・工業・国防・科学技術）を進める。共産党は一党独裁政治をおこないながら、経済は資本主義的な市場経済を取り入れた。1989年には北京にある天安門広場に民衆が集まり、政府に民主化を要求。政府は軍隊を出して民衆を攻撃し、多数の死傷者を出すという**天安門事件**に発展する。

ヨーロッパでは1967年、経済と政治上の協力を発展させるため、ヨーロッパ共同体（EC）が6か国で発足し、1993年には**ヨーロッパ連合（EU）**へと発展した。2002年からは共通通貨ユーロが流通する。

アジア・太平洋地域では1989年、諸国のトップが話し合う**APEC（アジア太平洋経済協力会議）**が発足。**地域紛争**や**テロ**が多発し、1991年にはイラクをアメリカ軍を中心とした多国籍軍が撃退する**湾岸戦争**が起きる。日本は**国連平和維持活動（PKO）等協力法**を成立させ、自衛隊の海外派遣が可能になる。

　1980年代末、日本はバブル経済と呼ばれる急激な好景気になるが、政府の規制や日本銀行の金利引き上げをきっかけに経済は低迷。平成不況となる。2011年3月には東日本大震災が発生し、原子力発電所が損壊して、大量の放射性物質が外部に漏れる戦後最大の災害と事故が起こる。

　2019年4月1日、新元号の「令和」が発表され、5月1日から使用される。10月には消費税が8％から10％に引き上げられて、外食と酒類を除いた飲食料品などの税率は8％のままにするという「軽減税率」が導入される。

　2020年3月には、新型コロナウイルス感染症が国内外に広がりはじめる。政府は、4月には緊急事態宣言を出し、国民に不要不急の外出を控えさせるものの、ウイルス感染者は急拡大していく。

　2022年2月、ロシアが隣のウクライナへ侵攻する。ウクライナの街は破壊され、一般市民が犠牲になる。日本も戦争の影響を受けて、ガスや電気などのエネルギー代をはじめ、物価が上昇する。

つながりPOINT

冷戦の終結後、ソ連は解体。大国を中心とした世界的に大きな戦争の危険は遠ざかった。
しかし、地域戦争やテロが世界各地で多発するようになる。

さくいん

さくいん

さくいん

さくいん

【著者紹介】

西村 創（にしむら・はじめ）
（Nishimura Hajime）

●――受験指導専門家。早稲田アカデミー、駿台、河合塾Wingsなどでの指導歴25年以上。新卒入社の早稲田アカデミーでは入社初年度に生徒授業満足度全講師中1位に輝く。

●――駿台ではシンガポール校講師を経て、当時初の20代校長として香港校校長を務め、過去最高の合格実績を出す。河合塾Wingsでは講師、教室長、エリアマネージャーを務める。現在はセミナー講演、書籍執筆などを中心に活動。

●――著書に『中学歴史が面白いほどわかる本』（KADOKAWA）、『54字の物語 史』（共著／PHP研究所）など多数。「にしむら先生 受験指導専門家」としてYouTube配信中（チャンネル登録8万人超）、「中学受験保護者のための3分メソッド」（音声とコラム）を毎日配信するなど、幅広く活躍している。

●Youtubeチャンネル：https://www.youtube.com/channel/UCLMmcT54e-pAIg80atX440g

●Xアカウント：twitter.com/Nishimura84x

【イラスト】

猫オルガン

「X（旧twitter）やインスタグラム、Pixivなどでイラストやショートコミックを発信する人気クリエイター。著書に『箱庭組曲』（リイド社）がある。マルイクリエイターズマーケットに参加、ヴィレッジヴァンガードでグッズを展開するなど幅広く活躍中。普段は絵を描いたり話を作ったり、音楽を聴いたり海を見たりしている。好きな歴史上の人物は鎮西八郎為朝。

●Xアカウント：twitter.com/applebeesong2

●インスタグラムアカウント：nekoorgan

執筆協力：吉崎正明

本文・カバーデザイン：TYPEFACE

本文DTP：knowm

歴史の流れをまるごとインプット ビジュアルで中学歴史がしっかりわかる本

2023年11月24日　第1刷発行
2023年12月12日　第2刷発行

著　者――西村　創

発行者――齊藤　龍男

発行所――株式会社かんき出版

　　　　　東京都千代田区麹町4-1-4 西脇ビル　〒102-0083

　　　　　電話　営業部：03(3262)8011(代)　編集部：03(3262)8012(代)

　　　　　FAX　03(3234)4421　　　　　　　振替　00100-2-62304

　　　　　https://kanki-pub.co.jp/

印刷所――大日本印刷株式会社